Joseph A. Ebe · Gräber deutscher Ritter auf Malta

Joseph A. Ebe

Gräber deutscher Ritter des Johanniter-/Malteserordens in der St.-Johannes-Kirche in Valletta auf Malta

Melitensia, Paderborn

Korrekturen

S. 21, Z. 5 v. o. „für die"
S. 34, Z. 16 v. o. „IN" streichen
S. 42, Z. 14 v. o. „!" streichen
S. 52, Z. 10 v. o. „SUSTINUIT"
S. 58, Z. 8 v. u. „IHM"
S. 72 u S. 75 „Heinrich Ludger Freiherr von Galen"

S. 73, Z. 7 v. o. „allgemeine"
S. 81, Z. 10 v. o. „Mühlheim"
S. 82, Z. 4 v. o. „OBERSTEN"
S. 92, Z. 13 v. o. "INGUAEZ"
S. 110, Z. 8 v. u. „MDCCCVI"

Verfasser: Joseph A. Ebe
Fliederweg 16
37691 Boffzen

Layout und Reinzeichnungen: Meinolf Salmen

Fotos der Grabplatten:
Ludger Ebe
Detmolder Str. 15
33102 Paderborn, (1-9, 11-20)
John Parnis, Malta (10)

Umschlag-Titelbild: Der doppelköpfige Adler, das Zeichen der Deutschen Zunge, ist eingemeißelt an den Pfeilern, die die deutsche Kapelle vom Hauptschiff der St. – Johannes-Kirche abgrenzen.

Der Rahmen, in den jeweils die deutschen Übersetzungen der Grabinschriften gestellt wurden, entspricht der Deckelprägung des Buches „Geschichte des Ritterlichen Ordens St. Johannis vom Spital zu Jerusalem" von A. v. Winterfeld, Berlin, 1859.

ISBN-3-9801071-2-4

Herausgeber: Förderverein Melitensia e. V.
Uhlenstr. 7
33098 Paderborn

Druck: Books on Demand GmbH, Norderstedt, 2006

Inhalt

Vorwort 7

Einleitung 9

Der Hospitaliterorden vom hl. Johannes 11

Der Boden der St.-Johannes-Konvents-Kirche in Valletta auf Malta . 13

Die Grabplatten von Rittern der Deutschen Zunge in der Konventskirche St. Johannes (mit Abbildungen der Grabplatten, lateinischen Inschriften und deutschen Übersetzungen sowie Lebensbeschreibungen der Ritter) 21

Nachwort 105

Anmerkungen und Erläuterungen (alphabetsich geordnet) 107

Benutzte Literatur 114

Vorwort

Bei fast allen Völkern sind Grabdenkmale Gedenkzeichen für Verstorbene am Ort ihrer Begräbnisse. Sie sind zumeist Ausfluß des Glaubens — nicht nur des christlichen — an ein Fortleben nach dem Tode. Für den Christen sind sie besonderes Zeugnis für den Glauben an das endgültige Heil in der Auferstehung. Grabstätten werden von Angehörigen und Freunden aufgesucht, um den Verstorbenen ein fürbittendes Gedenken zu widmen. Handelt es sich bei den Verstorbenen um allgemein bekannte und anerkannte Persönlichkeiten oder gar Heilige, die in ihrem Leben Vorbild waren, dann werden ihre Grabstätten oft Ziel von Pilgern und Wallfahrern, die, wenn die Verstorbenen von der Kirche seliggesprochen sind, diese im Gebet um Hilfe bei Gott anrufen.

Grabfelder oder Friedhöfe, auf denen viele Verstorbene bestattet sind, wurden immer als heilige Stätten angesehen. Sie werden im Süden mit Campo Santo (Heiliges Feld) bezeichnet. Ein Campo Santo ist auch der mit 375 Grabplatten der Ritter des Johanniter-/Malteserordens bedeckte Fußboden der St.-Johannes-Co-Kathedrale, der ehemaligen Konventskirche des Ordens, in Valletta auf Malta. Die Grabplatten sind prächtig gestaltet und erwecken weniger Gedanken an Trauer als vielmehr an die Überwindung des Todes, an die der Apostel Paulus im 1. Korintherbrief erinnert: Verschlungen ist der Tod im Siege. Tod, wo ist dein Sieg? Tod, wo ist dein Stachel? — Diese Begräbnisweise erinnert aber auch besonders daran, daß die irdische Kirche und die Heimgegangenen eine betende Gemeinschaft sind und bleiben, bis sich die Hoffnungen der Lebenden und Verstorbenen in der himmlischen Kirche erfüllen.

In der Deutschen Kapelle der ehemaligen Ordenskirche befinden sich die meisten der zwanzig Grabplatten von Rittern und Kaplänen, die der „Deutschen Zunge" des Ordens angehörten, also aus dem deutschen Sprachraum stammten. Am 10. Juni 1981 hatte ich Gelegenheit, mit einer Gruppe von Präsides der Katholischen Arbeitnehmerbewegung (KAB) aus dem Erzbistum Paderborn in der Deutschen Kapelle über diesen Gräbern die Eucharistie zu feiern. Dabei schlossen wir die dort ruhenden Toten in unser Gebet ein.

Ein Gedenken an die zwanzig deutschen Ritter und Kapläne soll auch diese Schrift beinhalten, in der der Autor die zum Teil umfangreichen lateinischen Texte der Grabplatten zum ersten Mal ins Deutsche übersetzt und mit zusätzlichen Angaben über die Tätigkeiten der einzelnen ihr oft wechselvolles Leben darstellt.

Die Schrift möge den zahlreichen deutschen Besuchern der Kirche, die als Touristen nach Malta kommen, und allen Lesern Anlaß sein, den Toten ein stilles Gedenken zu widmen. Darüber hinaus kann sie als ein wichtiger Beitrag zur Geschichte des Johanniter-/Malteserordens angesehen werden. Die Mitglieder des Ordens und des Malteserhilfsdienstes werden sich für das Buch interessieren. Sie erleben darin Glanz und Glorie, aber auch Verfall und Elend des Ordens. Die Geschichte stellte immer die Frage nach dem, was bleibt. Darüber geben Insignien und Inschriften der Grabplatten Auskunft. Der „Einzige" bleibt und erfüllt die Geschichte. Er führt aber auch zu neuem Leben, wie wir es heute im Orden und im Malteserhilfsdienst erfahren.
Der Autor verdient herzlichen Dank für seine Mühen; dem Verlag gebührt Dank für gute und schnelle Arbeit.

Paderborn, am Fest des hl. Johannes des Täufers 1987

Weihbischof Dr. Paul Nordhues

Einleitung

Als ich 1969 mit meiner Tochter Hildegard zum ersten Mal Malta besuchte, waren wir besonders beeindruckt von der Gestaltung des Fußbodens der Co-Kathedrale[7], der früheren Konventskirche St. Johannes des Johanniter-/Malteserordens in Valletta. Der Boden ist bedeckt mit 375 in vielfarbigen Marmormosaiken gestalteten Grabplatten der Ordensritter. Bei späteren Besuchen kamen Interesse und Neugier auf, besonders etwas über die Ritter der Deutschen Zunge[27] in Erfahrung zu bringen, die hier begraben sind. Es bestand der Wunsch, Fotos von den Grabplatten zu bekommen und die lateinischen Inschriften ins Deutsche zu übersetzen, dazu noch einiges mehr über das Leben der Ritter zu erfahren. Wie sich bald herausstellte, war das leichter gedacht als ausgeführt. Bei einem späteren Besuch Maltas machte mein Sohn Ludger mit Unterstützung von Erich Reinsberg (Paderborn) Fotos von 19 Grabplatten der 20 Gräber der Ritter und Kapläne der Deutschen Zunge. Nur eine Grabplatte, auf der ein Beichtstuhl steht, konnte nicht aufgenommen werden. Das Foto dieser Grabplatte (des Ritters von Stadl) machte später John Parnis, Hamrun, Malta.

Vorlage für die Übersetzung der lateinischen Inschriften waren zunächst die Texte, wie sie in dem Standardwerk „The Church of St. John in Valletta", Malta, 1955, von Sir Hannibal Scicluna wiedergegeben sind. Als ich dort aber auf einige Fehler stieß, wurden die Texte aus dem Buch „Memorie dell' inclito Ordine Gerosolimitano", Malta, 1881, von Achilles Ferris zum Vergleich herangezogen. Dabei stellte ich fest, daß Scicluna die Texte nicht direkt von den Grabplaten, sondern aus dem Buch von Ferris und damit auch dessen Druck- oder Ablesefehler übernommen hatte. Deshalb wurde es notwendig, die Inschriften von den Grabplatten erneut abzulesen und niederzuschreiben. Das war aber nur möglich, soweit diese noch zu entziffern waren. Bei den meisten Grabplatten war es der Fall. Bei diesem Vergleich wurden auch einige „Druckfehler" der Steinmetzen entdeckt. Da die Inschriften auch zahlreiche Abkürzungen und spezielle „Fachbezeichnungen" des Ordens enthalten, war es ein langer Weg bis zur vorliegenden Fassung der deutschen Texte.

Im folgenden werden neben den Abbildungen der Grabplatten die so herausgefundenen lateinischen Texte möglichst orginalgetreu wiedergegeben und die deutschen Übersetzungen angefügt. Dabei werden Abkürzungen und „Druckfehler" nach den lateinischen Texten und „Fachbezeichnungen" bei den Anmerkungen nur dann angeführt bzw. erläutert, wenn sie nicht unmittelbar aus der Übersetzung zu erkennen sind.

Dankbar wird erwähnt, daß bei den Übersetzungen geholfen haben: Pfarrer i. R. Ernst Hangarter, Öhningen (Bodensee), Pfarrer Josef Keller, Ippingen bei Immendingen, Studiendirektor Eugen Ströbele, Singen a. H., und Kreisarchivar Dr. Franz Götz aus Radolfszell. Zuletzt haben Professor Dr. Klemens Honselmann, Paderborn, und Fra Karl Wilhelm Horký, Prag, wertvolle Hinweise gegeben.

Zur mehr oder weniger ausführlichen Beschreibung der Herkunft und des Lebens der Ritter gaben folgende Institutionen Einzelinformationen und z. T. umfangreiche Auskünfte: Hauptstaatsarchiv Stuttgart, Stadtarchiv und Evangelische Johannesgemeinde in Villingen, Deutsches Adelsarchiv in Marburg, Stadtarchiv Schwäbisch-Hall, Landeshauptarchiv Koblenz, Kreisarchiv Viersen, Österreichisches Staatsarchiv Wien, Westfälisches Archivamt Münster, Gemeinde Remchingen, Generallandesarchiv Karlsruhe, Kärntner Landesarchiv in Klagenfurt, Steiermärkisches Landesarchiv in Graz. Weitere Auskünfte erteilten Berthold Graf Waldstein-Wartenberg, Wien, Werner Kröner, Remchingen, Charles A. Gauci, London, und nicht zuletzt Michael Galea, Valletta, Malta, der zahlreiche Angaben aus dem alten Ordensarchiv in Valletta beisteuerte. Wertvolle Informationen erhielt ich auch von fast allen angeschriebenen Vertretern der noch existierenden adeligen Familien, aus denen die Ritter stammen. Sie werden am Ende der jeweiligen Lebensbeschreibungen dankbar genannt. In nicht wenigen Fällen machten erst diese Angaben eine Deutung der lateinischen Inschriften möglich.

Besondere Hinweise zur Genealogie gaben Willibirg Freiin Schilling von Canstatt und Wilhelm Honselmann, Paderborn.

DER HOSPITALITERORDEN VOM HL. JOHANNES

Zur Zeit der Kreuzzüge bestand in Jerusalem ein Hospital, das dem hl. Johannes geweiht war. Leiter des Hospitals war ein Meister Gerhard. Ritter, die als Kreuzfahrer oder Pilger nach Jerusalem gekommen waren, schlossen sich ihm an. Sie bildeten eine Bruderschaft, aus der der Johanniterorden hervorging, der wegen seiner Tätigkeit auch Hospitaliterorden[16] genannt wurde. Zur ursprünglichen Aufgabe der Krankenpflege kamen bald weitere Verpflichtungen: die schützende Begleitung von Pilgergruppen und die Verteidigung des Heiligen Landes gegen die immer wieder anstürmenden islamischen Heere. Aus der Bruderschaft war ein Ritterorden geworden, dessen Mitglieder unter dem Zeichen des achtspitzigen weißen Kreuzes sowohl Krankenpfleger als auch Soldaten waren. Der vorbildliche Einsatz der Ritter, von Päpsten verliehene Privilegien, von abendländischen Fürsten ausgesprochene Anerkennungen sowie Zuwendungen und Stiftungen des Adels und des Bürgerstandes bewirkten die Festigung und Ausbreitung des Ordens und seiner Ideale im ganzen Abendland. Als jedoch Palästina 1291 mit der Schlacht bei Akkon verlorenging, siedelte sich der Orden zunächst auf Zypern und ab 1310 auf Rhodos an. Dort wurde er zur Seemacht und war Vorposten der Christenheit. 1522 mußte Rhodos aufgegeben werden, nachdem Sultan Soliman I. die Ordensfestung sechs Monate lang belagert hatte. Mit 4 000 einheimischen Flüchtlingen war der Orden heimatlos geworden, bis Kaiser Karl V. dem Orden 1530 die Inseln Malta, Gozo und Comino und die Stadt Tripolis zu Lehen gab.

Der Orden wurde seit dieser Zeit auch Malteserorden genannt. Auch auf Malta war seine Hospitaltätigkeit vorbildhaft. 1798 ging Malta als territorialer Besitz dem Orden durch die Eroberung Napoleons verloren. Dieses Ereignis und die nachnapoleonischen Veränderungen führten beinahe zur Auflösung des Ordens. Allein das Großpriorat[22] Böhmen-Österreich der ehemaligen Deutschen Zunge blieb nahezu unbeschädigt. Es trug wesentlich zur Regeneration des Ordens und seiner Aufgaben sowie zur Erhaltung des völkerrechtlichen Status des Malteserordens bei.

Der Orden war gegliedert in Priorate[22] und Balleien[4] sowie nach Herkunft und Sprache der Ritter in acht Zungen[27] (Nationen). Die kleinste Verwaltungseinheit war die Kommende.[10] Unter den acht Zungen war die Deutsche Zunge der Mitgliederzahl nach klein, aber groß in der Ausdehnung, die etwa durch das ehemalige Deutsche Reich, Österreich, Böhmen,

Polen, Ungarn, die Niederlande, die Schweiz und durch die nordischen Länder umschrieben wird. Hauptsitz des deutschen Großpriorates war Heitersheim[11] in Baden mit einem Großprior an der Spitze, der seit 1548 Fürst des Heiligen Römischen Reiches Deutscher Nation war. In Erinnerung daran führt die Stadt Heitersheim heute ein Wappen mit dem weißen Malteserkreuz auf rotem Grund. Innerhalb des deutschen Großpriorates besaß die Ballei Brandenburg[3] eine weitgehende Selbständigkeit.
Die Mitglieder dieser Ballei schlossen sich in der Reformation dem neuen Glauben an, ohne sich vom katholischen Orden zu trennen. Das blieb so bis zur Auflösung im Jahr 1811. − Der 1852 wiedergegründete Johanniterorden sieht sich ideell und organisatorisch in der Nachfolge der Ballei Brandenburg. Er nahm recht bald den Krankenpflegedienst wieder auf, gründete Krankenhäuser und Altenheime. Ein besonderes Werk des Ordens ist die 1952 gegründete Johanniter-Unfallhilfe.

Eine Neubesinnung auf die ursprünglichen caritativen Aufgaben führte auch bei katholischen Adeligen in Deutschland zur Belebung der Ordenstradition durch Gründung einer Rheinisch-Westfälischen (1859) und einer Schlesischen Malteser-Genossenschaft[14] (1867), die sich beide dem Malteserorden, der seine Zentrale seit 1834 in Rom hat, anschlossen. Sie widmeten sich vornehmlich caritativen Aufgaben in der Krankenpflege und im Sanitätsdienst. Eine Reihe von Krankenhäusern und andere caritative Werke in der Alten- und Kinderhilfe sowie ein Pilgerbetreuungsdienst sind daraus gewachsen. 1953 gründeten die beiden deutschen Malteser-Genossenschaften zusammen mit dem Deutschen Caritasverband den Malteser-Hilfsdienst. Die Dienste und Werke des Johanniterordens und des Malteserordens sind heute im nationalen und internationalen Raum in wichtigen humanitären, diakonischen und caritativen Aufgaben tätig.

Zurück zu Malta:
Malta hat in der Geschichte des Ordens eine wichtige Rolle gespielt, der hier die ihm auch heute noch eigene völkerrechtliche Souveränität[26] entwickeln konnte. Aufgabe des Ordens war es, als „Schild Europas" das christliche Abendland vor dem Ansturm der „Ungläubigen" zu schützen. Malta war lange Zeit Vorposten gegen die muslimischen Eroberungsbestrebungen. Nach der viermonatigen heldenhaften Verteidigung unter Großmeister Jean Parisot de la Valette gegen die Türkei (1565) wurde Malta aber nicht wieder angegriffen. Die Ritter führten dann einen

ständigen Seekrieg gegen die nordafrikanischen Seepiraten und gegen die Schiffe der „Ungläubigen". Sie waren auch an den Kämpfen gegen die Türken auf dem Balkan beteiligt. Das allmähliche Schwinden der ursprünglichen Aufgabe sowie die Auswirkungen der Französischen Revolution in Europa führten letztlich dazu, daß Napoleon Malta 1798 kampflos einnehmen konnte.

Auf Malta gibt es eine große Zahl von Erinnerungen an die 268 Jahre dauernde Anwesenheit des Ordens. Einzigartige Befestigungsanlagen, zahlreiche Kirchen und Kapellen, Wohnhäuser der Ritter, Paläste, das große Hospital und andere soziale Einrichtungen sind Zeugen dafür. Eins der eindruckvollsten Gebäude ist die ehemalige St.-Johannes-Konvents-Kirche des Ordens, die heutige Co-Kathedrale in der Stadt Valletta.
Die Stadt war der eigentliche Konvent[20] des Ordens gewesen. Die St.-Johannes-Konvents-Kirche, die 1573-1577 vom maltesischen Architekten Gerolamo Cassar errichtet und von Großmeister La Cassière finanziert worden war, ist einmalig durch den Reichtum ihrer Ausschmückung und die Vielfalt ihrer Schätze. Die Großmeister des Ordens, die verpflichtet waren, nach erfolgter Wahl der Kirche ein Geschenk zu machen, beauftragten namhafte Künstler mit der Ausschmückung der Kirche. Mattia Preti schuf die herrlichen Gewölbebilder mit 18 Episoden aus dem Leben Johannes des Täufers, gestiftet von den beiden Großmeistern Cotoner. Die Wände sind zu bestimmten Jahreszeiten geschmückt mit den von Großmeister Perellos gestifteten und von dem Flamen Jodocus de Vos 1697 nach Entwürfen von Rubens und Poussin ausgeführten Wandteppichen. Die Marmorgruppe der Taufe Christi schuf Giuseppe Mazzuoli. Im Oratorium der Kirche hängt das unschätzbare Meisterwerk „Die Enthauptung des heiligen Johannes" von Michelangelo Merisi da Caravaggio. Man könnte die Liste der Künstler und ihrer Werke fortsetzen. – Aber nicht weniger einmalig und nicht minder ungewöhnlich ist der Fußboden der Kathedrale: ein großes Gräberfeld, in dem sich Grabplatte an Grabplatte reiht.

DER BODEN DER ST.-JOHANNES-KONVENTS-KIRCHE IN VALLETTA AUF MALTA

Die Archive des Johanniter-/Malteserordens, die sich in der National-Bibliothek in Valletta auf Malta befinden, sagen wenig aus über den einzigartigen, in vielfarbigem Marmormosaik gestalteten Boden der St.-

Johannes-Co-Kathedrale, der ehemaligen Konventskirche des Ordens. Ein Ratsbeschluß des Ordens vom 15. Dezember 1667 legte fest, daß der Boden aus Marmor bestehen sollte, und zwar in der Art, daß die Begräbnismöglichkeit in der Kirche nicht beeinträchtigt werden sollte. Eine Eintragung, die im letzten Jahr des Ordens auf Malta vorgenommen wurde, beschreibt den Boden im damaligen Zustand (1798) und lautet: „Der Boden der Kirche ist belegt und bedeckt mit Grabplatten aus farbigen Marmorstücken, mit denen Wappen, Trophäen, Symbole, Figuren und Ornamente gestaltet wurden. Jede Platte ist mit einer Inschrift versehen."
Tatsächlich erzählt der Boden mehr als jeder geschriebenen Bericht eine anschauliche Geschichte. Jede Platte ist wie eine Seite im Geschichtsbuch, das von der Hingabe des europäischen Adels an ein Ideal berichtet und mehr als einen Hinweis gibt von menschlichen Hoffnungen und Befürchtungen der dem Rittertum geweihten Söhne. Vielleicht gibt es nirgendwo in der Welt ein vergleichbares Monument. Alle 375 Platten sind aus Marmorstücken gestaltet. Sie wirken wie ein riesiger farbenprächtiger Marmorteppich. Jede Platte scheint mit der des Nachbargrabes zu wetteifern durch die einzigartige Ausführung von Familienzeichen, Wappen, Kriegsgerät, Musikinstrumenten, kirchlichen Gewändern und heiligen Symbolen.

Ebenso oft bietet die erschreckende Darstellung eines Knochenmannes die Erinnerung an den Tod. Die Künstler, die durch Gemälde, Skulpturen, Wandbehänge, Kultgeräte und Andachtsgegenstände zur Ausschmückung der St.-Johannes-Kirche beitrugen, sind berühmt, und man findet ihre Namen in Kunst- und Reiseführern. Diejenigen jedoch, die die Entwürfe zu den prächtigen Intarsienarbeiten in Marmor schufen und sie ausführten, sind so unbekannt wie die Schöpfer der nicht selten einzigartigen lateinischen Nachrufe.

Dadurch, daß die Grabplatten von zahlreichen Gläubigen begangen wurden, hatte der Boden nicht lange seine Schönheit behalten, so daß während der Zeit des britsichen Gouverneurs Sir Frederic Cavendish Ponsomby (1827-1836) es nötig geworden war, Reparaturen durchzuführen. Das geschah unter Leitung des maltesichen Künstlers Joseph Hyzler. Die Reparaturen waren sehr bedeutsam, da entschieden wurde, einige Grabplatten in ihrer Lage so zu verändern, daß eine gewisse symmetrische Anordnung entstand. Denn der Mangel an Symmetrie in der Ausrichtung der Gräber war sehr störend. Es gab auch eine Reihe von Gräbern, die ohne Grabplatten und nur mit normalen Steinen bedeckt waren. Hyzlers Ziel war es, die Schönheit des Bodens und des Kirchenschiffes im ganzen mit dem wunderbar geordneten Eindruck der Deckengemälde Pretis in Übereinstimmung zu bringen. Die heutige Anordnung der Grabplatten geht deshalb auf die Ausführungen Hyzlers zurück und gibt seine Auffassung von der optimalen Ordnung wieder. Gewiß sind dadurch für die geschichtliche Forschung einige Schwierigkeiten entstanden, da bestimmte Grabplatten nicht mehr über den tatsächlichen Gräbern der verstorbenen Ritter liegen. Z. B. wird berichtet, daß Bailli Fra Jaques François Chambray (Erbauer des Forts Chambray auf der Insel Gozo) in der Kapelle von Frankreich beigesetzt wurde. Tatsächlich befindet sich die Grabplatte aber heute im Kirchenschiff. Eine Grabplatte ist auch nicht immer Beleg für das Vorhandensein eines Grabes. In einigen Fällen, wie z. B. bei Franziskus Sigismund von Thun, sind die Grabplatten „Denkmäler" für anderswo begrabene Ritter. 13 Gräber der 20 Mitglieder der Deutschen Zunge befinden sich in der Deutschen Kapelle, die den Heiligen Drei Königen gewidmet ist, 6 Gräber sind an verschiedenen Stellen des Kirchenschiffs zu finden. Eine Grabplatte liegt im Oratorium der Kirche. Die Zahlen in Klammern hinter den Namen geben die genaue Lage gemäß nachfolgender Skizze an.

Es sind Gräber der Ritter:
Leopold Ignatius von Sauer und Ankenstein (1)
Christian von Osterhausen (2)
Franziskus Sigismund von Thun (3)
Franz Sebastian von Wratislaw (4)
Franz Anton von Schönau und Schwörstadt (5)
Philipp Wilhelm von Nesselrode und Reichenstein (6)
Hermann von Beveren (7)
Wolffgang Philipp von Guttenberg (8)
Johannes Sigismund von Schaesberg (9)
Ferdinand von Stadl (10)
Ferdinand von Korff, gen. Schmising (11)
Franz Xaver von Haissenstein (12)
Heinrich Ludger von Galen (13)
Franz Christoph von Remching (14)
Nikolaus von Enzberg (15)
Johann Baptist von Schauenburg (16)
Innozenz von Dietrichstein (19)
Caspar Fidelis von Schönau zu Wehr (20)

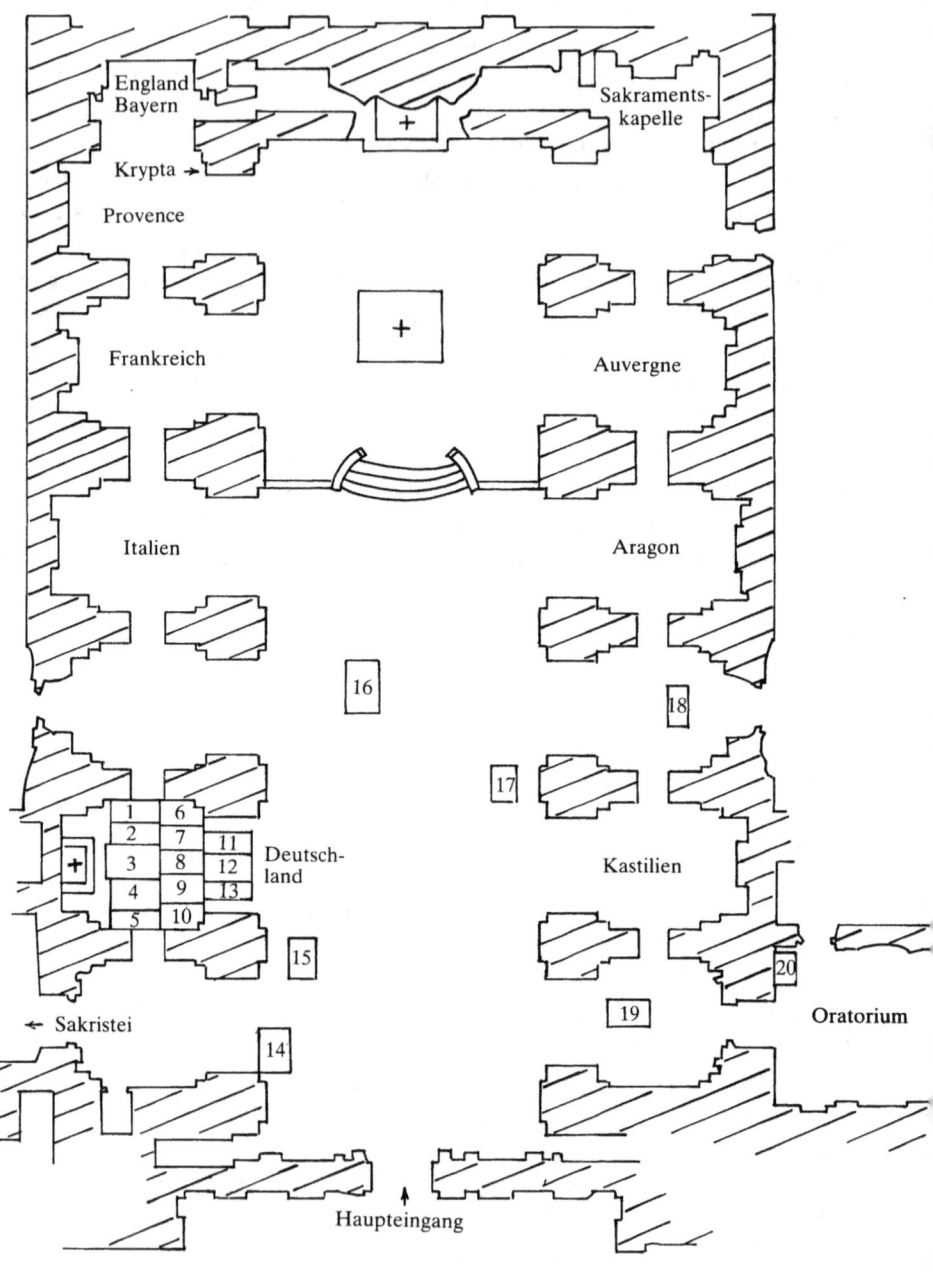

St.-Johannes-Co-Kathedrale

Ehemalige Konventskirche des Ordens mit den Kapellen der acht Zungen. Die Zahlen geben die Lage der Gräber der Ritter der Deutschen Zunge an.

sowie der Kapläne maltesischer Herkunft:
Balthasar De Amico (17)
Michael Oliverio (18).

Die Grabplatten sind im allgemeinen gut erhalten. So scheint es wenigstens, wenn man heute einen flüchtigen Blick auf den Boden der Kirche wirft und den Gesamteindruck auf sich wirken läßt. Schaut man aber genauer hin, so stellt man fest, daß doch an vielen Stellen im Laufe der Zeit bereits wieder erhebliche Schäden entstanden sind. Darüber braucht man sich auch nicht zu wundern, wenn man weiß, daß die heutige Co-Kathedrale nicht nur von Betern zum Gottesdienst, sondern täglich von einigen Tausenden Touristen durchgangen wird. Die Schäden sind an einigen Stellen so erheblich, daß man Schriften und Symbole nicht mehr erkennen kann. Als Beispiel dafür möge man die folgende Abbildung des unteren Teils der Grabplatte des Ritters Franz Anton von Schönau und Schwörstadt nehmen. Es ist nur zu bedauern, daß zur Zeit nicht viel unternommen wird, weitere Beschädigungen zu verhindern. Wertvolle Originalzeugnisse gehen dadurch verloren.

In welcher Zeit lebten die genannten deutschen Ritter? – Berücksichtigt man die auf den Grabplatten angegebenen Todesdaten der Ritter und ihr Alter, so kann man davon ausgehen, daß sich das aktive Ordensleben der Ritter in der Zeit von etwa 1600 bis kurz vor der Vertreibung des Ordens von Malta (1798) abspielte. Die heldenmütige Abwehr der Belagerung von Malta im Jahr 1565 und die Teilnahme an der Schlacht von Lepanto, die den Orden in den Mittelpunkt des Interesses Europas gerückt hatten, waren noch in lebhafter Erinnerung. Aber das politische und kriegerische Geschehen verlagerte sich vom Mittelmeer auf das europäische Festland, wo Religions- und Territorialkriege (Dreißigjähriger Krieg) stattfanden, die sich der „satzungsgemäße" Feind des Ordens, die Türken, zunutze machte, um auf dem Balkan bis Wien vorzustoßen, wo sie 1683 geschlagen und in den nachfolgenden Kämpfen u. a. unter dem Prinzen Eugen von Savoyen immer weiter zurückgedrängt wurden. Die Inschriften auf den meisten Grabplatten berichten von der Teilnahme der Ritter an diesen Kämpfen zu Lande und zu Wasser. Ihre Heldentaten werden gerühmt. Aber nicht nur das. Auch die innere und äußere Organisation des Ordens wird deutlich, in der sie als Diplomaten tätig waren oder verschiedene Ämter in der Verwaltung des Ordens und der maltesischen Inseln innehatten. Geschichte und Aufbau des Ordens lassen sich so von den Grabplatten ablesen.

Die einzigartig gestalteten Grabplatten belegen aber auch die im 18. Jahrhundert stattgefundene prunkhafte Veräußerlichung des Ordenslebens, dessen erhaltende Zeugnisse wir heute bewundern. Unter dem Einfluß der geistigen Strömungen der Zeit wurde der ursprüngliche Ordensauftrag nicht mehr als eigentliche Pflicht angesehen. Aus dem Kampf gegen die Ungläubigen war ein Handels- und Seeräuberkrieg geworden. Infolge der politischen und territorialen Veränderungen in Eruopa hatte sich zudem die wirtschaftliche Situation des Ordens sehr verschlechtert. Trotzdem wurde auf Malta noch viel Glanz entfaltet, der in der Gestaltung der Grabplatten zum Ausdruck kommt.

Wenn auch die Ritter der Deutschen Zunge bei der traditionellen Ämterverteilung im Orden nicht hauptamtlich für die Hospitalität zuständig waren, so wird aus den Inschriften doch deutlich, daß sie bei aller damals üblichen Prachtentfaltung den „Dienst am Nächsten" nicht vernachlässigten. Auf einigen Grabplatten finden sich dafür ausdrückliche Hinweise; so bei den Rittern von Osterhausen, von Wratislaw, von Schönau und

Schwörstadt, von Nesselrode und Reichenstein, von Beveren, von Dietrichstein, von Schönau zu Wehr und dem Kaplan De Amico. Die soziale Tätigkeit des Ritters von und zu Guttenberg ist aus seiner Lebensgeschichte bekannt. Heute noch vorhandene Zeugnisse auf Malta berichten davon.

Inschriften und Symbole der Grabplatten sprechen aber auch von einer frommen Gläubigkeit der Ritter, die Tod und Auferstehung ganz selbstverständlich in ihr Leben einbezogen hatten. Nicht wenige von ihnen hatten ihre Grabplatten sicher nicht nur zu ihrem Nachruhm, sondern auch zum Zeugnis ihres unerschütterlichen Glaubens bereits zu Lebzeiten vorbereitet.

So liegt der prachtvolle Boden der St.-Johannes-Konvents-Kirche wie ein großes bebildertes Buch vor dem Betrachter, in dem er auf jeder Seite in Schrift und Bild das Leben eines Ritters nachlesen und betrachten kann. — Der Boden der Ritter-Kathedrale in Valletta ist auch wie ein einzigartiges MEMENTO MORI. Auf einer Grabplatte lautet die Inschrift: „So, wie Du jetzt über mich hinweggehst, wird man einst über Dich hinweggehen; sei Dir darüber im klaren und bete für mich . . ." In diesem Sinne bittet auch der Verfasser, diese Schrift über die Ritter der Deutschen Zunge des Ordens des hl. Johannes vom Hospital in Jerusalem zu verstehen.

J. A. E.

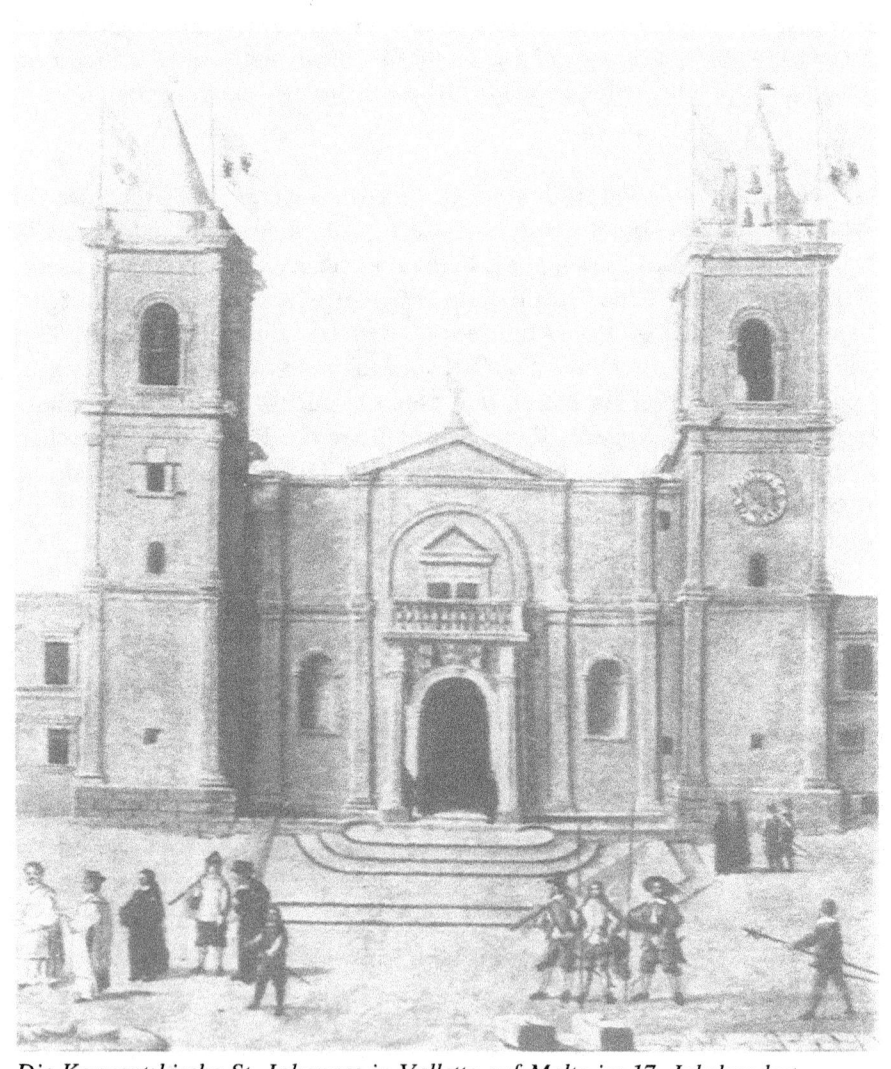
Die Konventskirche St. Johannes in Valletta auf Malta im 17. Jahrhundert

Fra[12] Leopold Ignatius Graf von Sauer und Ankenstein (1)

entstammte einer alten, erloschenen Adelsfamilie, die 1668 in den Grafenstand erhoben worden war. Das Geschlecht ist benannt nach der Save (Sauer), einem Nebenfluß der Donau, wo die Familie Güter besaß. In der Inschrift wird **Carniole,** der alte Name für Landschaft Krain, für das Gebirgsland um Laibach in Slowenien gebraucht. **Pannonien** ist eine alte Provinz-Bezeichnung aus der Römerzeit für das Gebiet an der mittleren Donau zwischen Ostalpenrand, Save und Donau.

Fra Leopold Ignatius Graf von Sauer und Ankenstein war 1734 stellvertretender Großbailli geworden. Davor war er in den Jahren 1723, 1724 und 1731 Rat der Deutschen Zunge gewesen. Als stellvertretender Großbailli vertrat er die Deutsche Zunge im Ordensrat auf Malta, wenn der Großbailli abwesend war.
Bei der Grabplatte genannten Kommende Eberifurt handelt es sich um die Priesterkommende Ebenfurth bei Wiener Neustadt in Niederösterreich. (Bei Wienand nicht als Kommende aufgeführt.)

Das Amt **Fumorum Commendator,** das der Ritter ausübte, war nach Auskunft von Dr. Berthold Graf Waldstein-Wartenberg, Wien, vermutlich zuständig für die Feuer an den Küsten. Rauchzeichen bei Tage und Feuer bei Nacht sollten vor feindlichen Schiffen warnen oder auch freundliche Schiffe begrüßen oder auch auf die Gefahren der Küste aufmerksam machen und den Schiffen den sicheren Weg in den Hafen weisen. Es gab ein festgelegtes System von Feuerzeichen. Als **Conservator Conventualis**[8] hatte der Amtsinhaber den Sold an die Ritter zu zahlen. Er war Zahlmeister.

Im Universallexikon von Zedler, Leipzig 1742, wird das Geschlecht Sauer und Ankenstein beschrieben. Dabei findet sich folgender Bericht: „Franciscus Anton Sauer, Graf von Ankenstein, Kayserlich Gemeinder Rath, Erb-Land-Fürschneider im Herzogthum Crain, Malteser-Ritter und Comtur von Ebefurt wurde 1736 im Mertz zu Mantua in seinem Bette, mit einer Pistol durch den Kopf geschossen gefunden." Ob es sich um ein und denselben Ritter handelt, oder ob hier Angaben über zwei Personen in einem Bericht eingegangen sind, konnte nicht ermittelt werden. Das letzte kann nur vermutet werden; denn im Ordensarchiv gibt es einen Bericht über das Begräbnis von Fra Leopold Ignatius in Valletta.

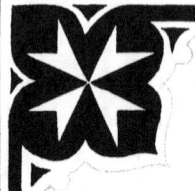
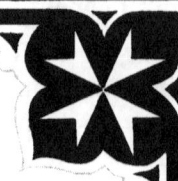

HIER RUHT DIE ASCHE
DES BRUDERS LEOPOLD IGNATIUS GRAF VON SAUER
UND ANKENSTEIN
AUS EINEM ALTEN GRAFENGESCHLECHT VON KRAIN,
DES HEILIGEN ORDENS KOMTUR[19] DER KOMMENDE EBEN-
FURTH. DER SICH NACH ABLEISTUNG DER MILITÄRI-
SCHEN UNTERNEHMUNGEN AUF DEN GALEEREN ZUM
KRIEGSSCHAUPLATZ IN PANNONIEN BEGAB, ZWANZIG
JAHRE LANG DAS KAISERLICHE FUSSVOLK GEGEN DIE
TÜRKEN BEFEHLIGTE, DANN DAS AMT DES REZEPTORS[24]
DES GROSSPRIORATS BÖHMEN MIT ER-
FOLG BEKLEIDETE; HIERHER ZURÜCKGEKEHRT, GE-
HÖRTE ER DEM GREMIUM DER EHRWÜRDIGEN
KOMMISSION FÜR DIE GALEEREN[13] AN. DARAUF WAR ER ALS
VERWALTER DER RÜSTKAMMER, BEAUFTRAGTER FÜR DIE
KÜSTENFEUER UND ZAHLMEISTER DES KONVENTS TÄTIG,
UND ZULETZT BEKLEIDETE ER DAS EHRWÜRDIGE AMT
DES STELLVERTRETENDEN GROSSBAILLI. ALS RITTER
WAR ER SICHER ZU HÖHEREM BERUFEN, WENN ER UNS
NICHT DURCH EIN JÄHES GESCHICK GENOMMEN WOR-
DEN WÄRE. ER HAT UNS IN GROSSER TRAUER ZURÜCK-
GELASSEN. IM JAHR 1736 DER ALLGEMEINEN ZEITRECH-
NUNG IM ALTER VON 63 JAHREN.

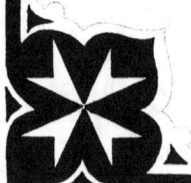
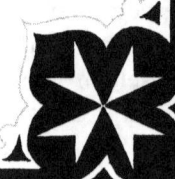

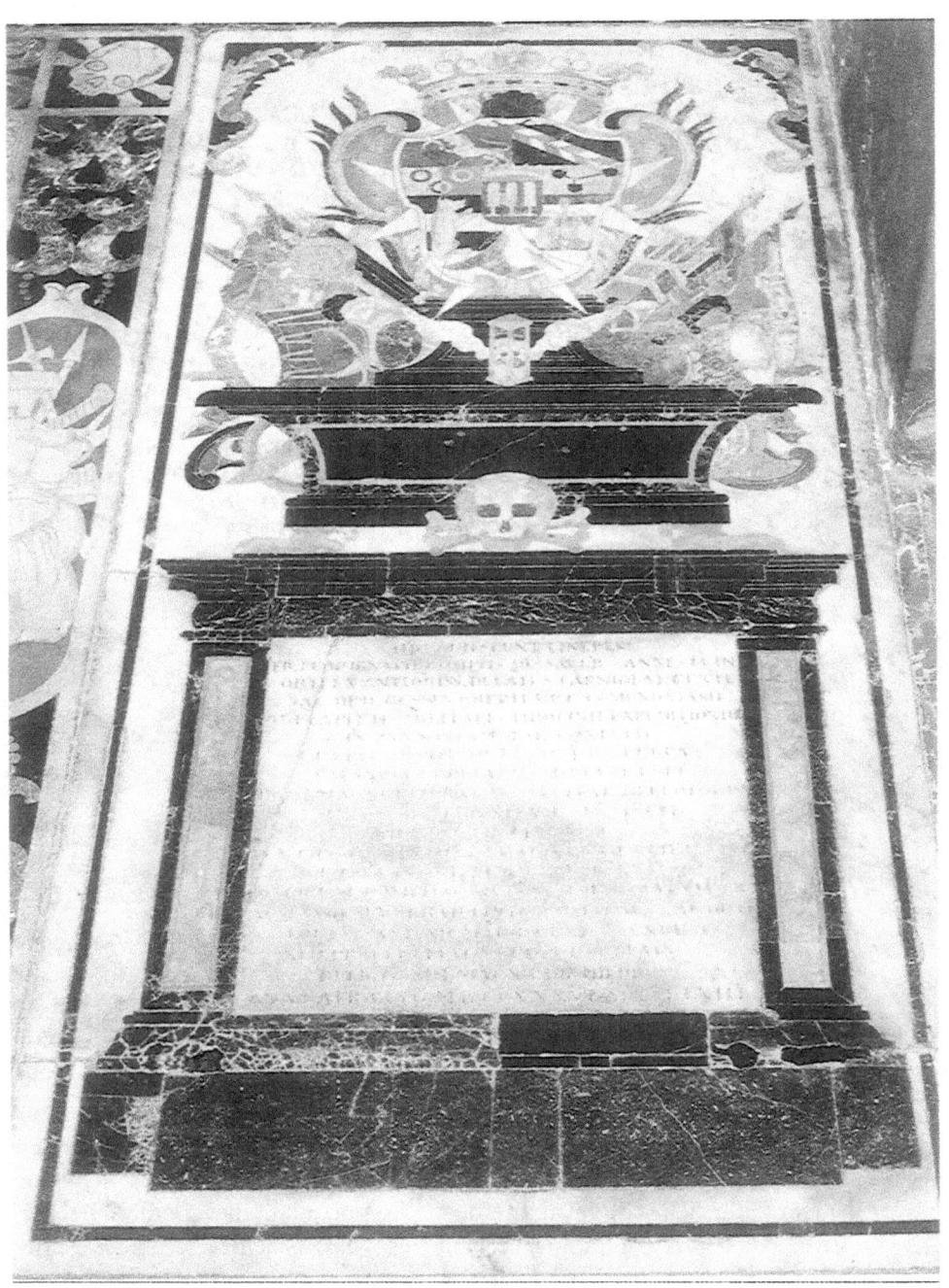

Grab 1: Fra Leopold Ignatius Graf von Sauer und Ankenstein

	HIC QUIESCUNT CINERES
	FR. LEOP. IGNACII COMITIS DE SAVER ANXESTEIN
	ORTI EX ANTIQUISS. DUCATUS CARNIOLÆ GENTE
	SAC. ORD. CENSUS EBERIFURT COMBENDATARII
	QUI EXPLETIS MILITARIS TIROCINII EXPEDITIONIB.
	IN PANNONIAM SESE CONTULIT
	UBI PER QUATUOR LUSTRA IN TURCAS
	CÆSAREI PEDITATUS DUCEM EGIT
	DEIN MAGNI PRIORATUS BOEMIÆ RECEPTORIS
	MUNUS CUM DIGNITATE SUSTINUIT
	HUC AUTEM REVERSUS
1	VEN. CONG. TRIREMIUM CURATORIB. ADSCRIPTUS EST
	POSTEA ARMAMENTORUM CURATOR FUMORUM
	COMMEND. CONSERVATOR CONVENTUALIS
2	AC TANDEM V. M. BAJULIVI LOCUM TENENS AUDIVIT
	EQUES SANE AD MAJORA EXTOLLENDUS
	NISI PROECOCI FATO FUISSET SUBLATUS
	RELICTO SUI MAGNO DESIDERIO
3	ANNO ÆR. VULG. MDCCXXXVI ÆTAT LXIII

1 VEN[ERABILIS] CONG[REGATIONIS][6]
2 V[ENERABILIS] M[AGNI] BAJULIVI
3 AER(AE) VULG[ATAE]

Fra Christian von Osterhausen (2)

Die Familie von Osterhausen stammt aus dem sächsisch-thüringischen Raum. Sie gehört heute der Althessischen Ritterschaft an. Ihre erste urkundliche Erwähnung erfolgte im Jahr 1194. Vermutlich ist der Ort Osterhausen südlich von Eisleben der Herkunftsort. Die Familie schloß sich früh der Reformation an. Christian von Osterhausen wurde 1590 geboren. Geburtstag und -ort sind unbekannt. Die Eltern waren Hans von Osterhausen auf Gatterstadt (1555-29. 2. 1600) und Agnes von Miltitz aus dem Haus Siebeneichen (1570-1632). Der Vater war Amtshauptmann zu Nossen, kursächischer Kammerherr, Kommandant der Leibwache der Kurfürsten Christian I. und Christian II. sowie kursächsischer und kaiserlicher Oberst in mehreren Ungarnfeldzügen.
Christian war am 19. 5. 1600 an der Universität Wittenberg immatriku-

liert. Er wurde aber wegen kindlichen Alters zurückgeschickt. Im Wintersemester 1605 war er an der Universität Leipzig eingeschrieben. Bei einem Scherzfechten soll er 1607 seinen Onkel tödlich verletzt haben. Er war (1640) als Reise- und Hofmarschall in den Diensten des Kurfürsten Johann Georg I. von Sachsen, aus denen er aber bald (1641) ausschied. Prinz August hatte ihn in einem Brief an seinen Vater als „Verräter" bezeichnet. Für diese negative Einschätzung ist folgende Deutung möglich: Christian von Osterhausen muß zu dieser Zeit katholisch gewesen sein. Dafür spricht seine Mitgliedschaft im Orden. Es war zwar damals im Orden möglich, daß die evangelisch gewordene Ballei Brandenburg als selbständige Einheit im Ordensverband verblieb. Es ist aber wohl nicht denkbar, daß ein einzelner Protestant in Ämtern im Konvent auf Malta tätig war. Für den Übertritt Osterhausens zum katholischen Glauben spricht auch, daß Gretschel in seiner „Geschichte des sächsischen Volks und Staats", 2. Band, Leipzig 1847, S. 380, berichtet, Kronprinz August habe Christian Osterhausen „einen heimlichen Katholiken" genannt.

Im Malteserorden hatte er folgende Ämter:
1625 wurde er Komtur der Kommende Tobel im Turgau in der Schweiz, 1638 war er Mitglied der Kommission für die Galeeren, 1639 und 1641 war er als Richter und 1641 als Rat der Deutschen Zunge tätig, zum Zahlmeister wurde er 1648 ernannt; 1654 bekam er den Titel eines Priors von Dacien[9] und erhielt 1655 die Kommenden Steinfurt und Münster. Für 1644 wird er auch als Statthalter des Großpriorats Deutschland erwähnt. Er war auch Komtur von Arnheim und Nimwegen im damaligen Herzogtum Geldern.
Der Hinweis ist notwendig, daß im Stammbaum der Familie von Osterhausen 1661 als Todesjahr des Malteserritters angegeben wird. Auf der Grabplatte wird jedoch (vermutlich falsch) 1664 genannt.
Besonders bekannt ist Christian von Osterhausen als gelehrter Verfasser von Büchern über den Orden in deutscher Sprache: „Statuta, Ordnungen, Gebräuche des hochloeblichen Ritterl. Ordens S. Johannis von Jerusalem zu Malta", 1644 in Frankfurt gedruckt, sowie „Vortrefflichkeit des weltberühmten Malteser- oder Johaniter-Ordens von Jerusalem und was zu vollkommener Erkäntnuß und Wissenschaft vonnöthen", gedruckt 1650 in Augsburg. Das letzte Werk enthält in erster Linie die Regeln des Ordens, dargestellt für den deutschsprachigen Ordensnachwuchs, eine Beschreibung der Insel Malta sowie die Aufzählung der Großmeister und der Prioren der Deutschen Zunge samt der Ordensgeschichte von 1048-1530.

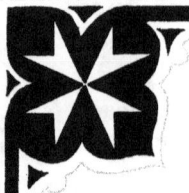 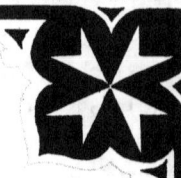

DER LEIB WIRD VON ERDE BEDECKT,
DER RUHM WIRD WEITHIN BEKANNT,
NACH DEN STERNEN GREIFT DER GEIST
DES BRUDERS CHRISTIAN OSTERHAUSEN,
DES PRIORS VON DACIEN, EINES AUS-
GEZEICHNETEN, GÜTIGEN UND KLUGEN
MANNES AUS SÄCHSISCHEM GEBLÜT. IN
ERFÜLLUNG WICHTIGER ÄMTER DES
ORDENS, ZEITLEBENS DEN TOD VOR AUGEN,
HAT ER MIT GROSSER HINTERLASSENSCHAFT
DEN STAATSSCHATZ BEREICHERT.
ER SCHIED AM 28. JUNI 1664
IM ALTER VON 71 JAHREN.

 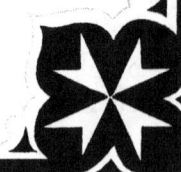

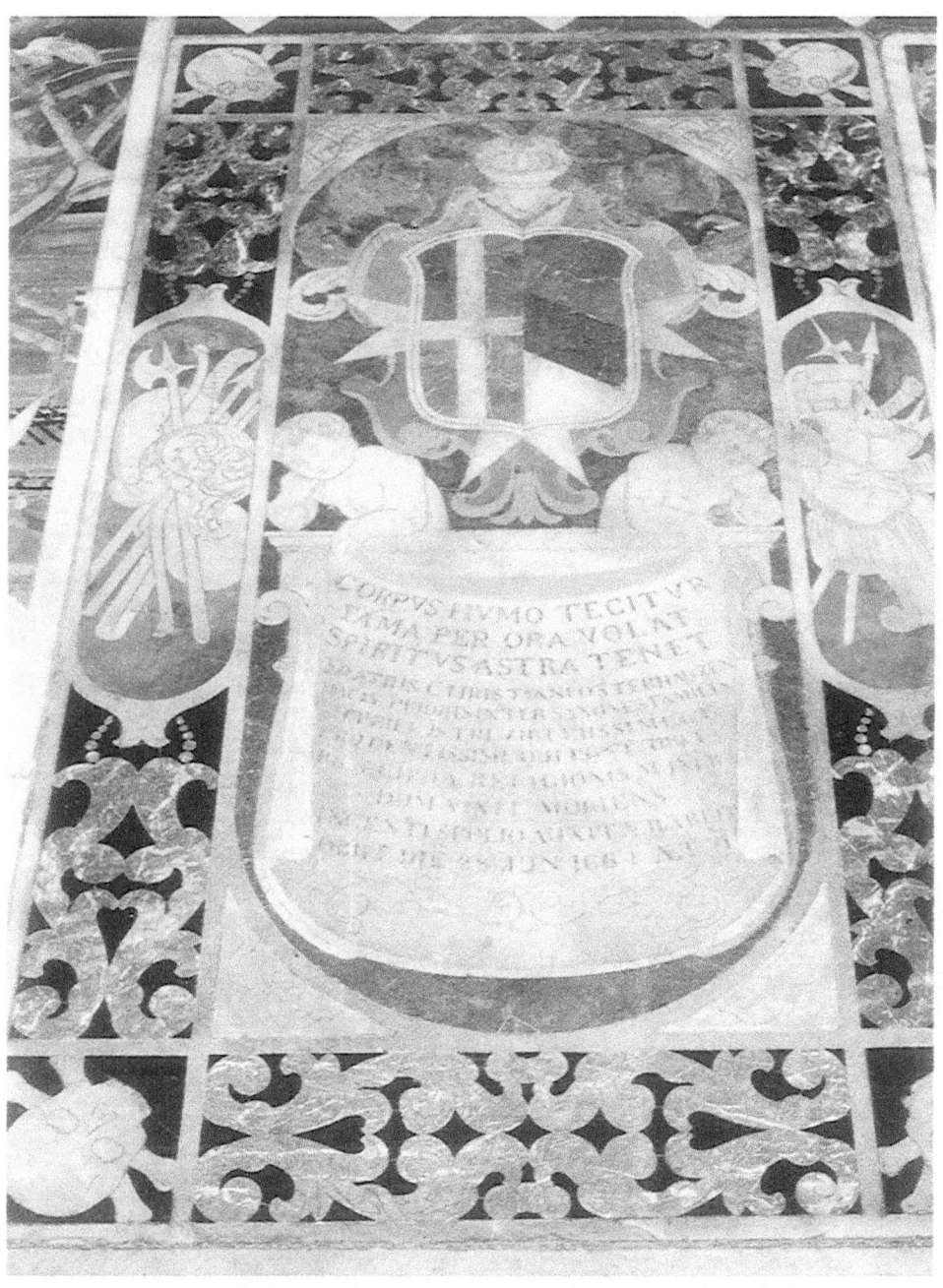

Grab 2: Fra Christian von Osterhausen

CORPVS HVMO TEGITVR
FAMA PER ORA VOLAT
SPIRITVS ASTRA TENET
FRATRIS CHRISTIANI OSTERHAUZEN
DACIÆ PRIORIS INTER SAXONES FAMILIA
PERILLVSTRI VIRI PIISSIMI ET
PRVDENTISSIMI QVI POST OBITA
PRÆCIPVA RELIGIONIS MVNERA
DUM VIXIT MORIENS
INGENTI SPOLIO AUXIT ÆRARIUM
OBIIT DIE 28 JUN. 1664 ÆT. 71.

Am Fuß der Säulen neben dem Altar und in der Kuppel der Deutschen Kapelle der Konventskirche St. Johannes in Valletta befinden sich Wappen des Ritters, die daran erinnern sollen, daß er für die Ausschmückung der Kapelle die ansehnliche Summe von 1200 Scudi gestiftet hatte. Eine lateinische Inschrift im Fries der Kapelle sagt aus, daß die von Frater Christian Osterhausen, Prior von Dacien, begonnene Vergoldung der Bildhauerarbeiten dieser Kapelle von Frater Franziskus von Sonnenberg, Großbailli sowie Prior von Ungarn, im Jahr 1681 vollendet worden ist.

(U. a. nach Angaben von Hans-Jürgen von Osterhausen, Köln.)

Fra Franziskus Sigismund Graf von Thun (3)

geboren am 1.9.1639 in Prag, gestorben am 3.5.1702 in Livorno, entstammte der böhmischen Linie eines alten, österreichischen Adelsgeschlechts. Es wird 1145 erstmals in Südtirol urkundlich genannt. Das Stammschloß „Castel Thun" liegt im Nonnstal in Südtirol. Im Dreißigjährigen Krieg kamen Teile der Familie nach Böhmen, wo mehrere Zweige bis nach dem Zweiten Weltkrieg lebten. Heute leben Mitglieder der Familie Thun in Österreich, Italien und in der Bundesrepublik Deutschland.

Die Eltern des Malteserritters waren Johann Siegismund, geb. 20.9.1594, gest. 26.6.1646 in Tetschen, vermählt in 3. Ehe mit Marg.-Anna Gräfin von Öttingen-Baldern. Der Vater war königlicher Kämmerer, Geheimer Rat und Statthalter in Böhmen. Sein Bruder Guidobald war 1654-1668 Erzbischof von Salzburg und von 1666-1668 auch Bischof von Regensburg. Sein Bruder Johann Ernst wurde 1602 Domherr in Salzburg, 1663 Domherr in Passau, 1679 Bischof von Sekkau. Er war 1687-1709 Fürsterzbischof von Salzburg und als solcher Primas von Deutschland. Er ließ seinem Bruder Sigismund in Valletta die Grabplatte legen. Aus der Familie Thun kam auch eine Reihe von Bischöfen des Bistums Passau. Von den aus der Familie Thun stammenden Malteserrittern sind besonders bekannt Guidobald Josef Anton von Thun, der 1887 Fürstgroßprior von Böhmen wurde, und Galeazzo Graf von Thun, der 1905-1931 Großmeister des Ordens war. Sigismund von Thun trat 1656 in den Orden ein. Er wurde am 4.11.1662 Kapitän der Galeere[13] „San Martina", am 7.8.1693 wurde er für zwei Jahre und am 5.9.1695 für weitere zwei Jahre zum Generalkapitän der Galeeren gewählt. Er leitete also vier Jahre als oberster Befehlshaber die Ordensflotte. Bereits 1609 war aus der Familie Thun Fra Christoph Simon Kapitän einer Galeere gewesen.

Unter dem Kommando des Generalkapitäns Fra Franziskus Sigismund Graf von Thun verließ die maltesische Flotte am 7. Juni 1694 Malta, um sich mit der Flotte von Venedig zu vereinigen. Die beiden Flotten eroberten am 8.9.1694 die Insel Chios von den Türken. Dabei wurden eintausend christliche Sklaven befreit, 141 Kanonen erobert und 160 schwarze Sklaven erbeutet. Am 26.10.1694 kehrte die Flotte nach Malta zurück. – Im darauffolgenden Jahr verließ die Flotte Malta am 13. Juni, eroberte ein großes tripolitanischen Segelschiff mit 134 überlebenden Türken und vereinigte sich wieder mit der Fotte von Venedig.

Ein Feuerwechsel mit den Türken brachte aber keine Entscheidung für die von den Türken inzwischen eroberte Insel Chios. – Im Jahr 1696 wandten sich die vereinigten Flotten von Malta und Venedig nach Korinth. Am 22. September stießen sie auf die feindliche türkische Flotte, und nach einem heftigen Kampf gelang es Fra Sigismund Thun mit seiner Flotte, beim Kap S. Angelo in der Nähe der Insel Cervi ein türkisches Frachtschiff mit Beute

zu erobern. Am 3. November traf die Galeerenflotte wieder in Malta ein.
— Im Jahr 1697 erfolgte ein ähnliches Unternehmen wieder zusammen mit den Venezianern vor der Küste der Levante.

Bevor Fra Sigismund von Thun Generalkapitän wurde, war er Gesandter von Papst Johannes XI. bei den Verhandlungen, die am 5.3.1684 zur Gründung der „Heiligen Liga" gegen die Türken führten. Als Ofen (Buda) 1686 befreit wurde, war er beim Polenkönig Johann Sobieski, dem siegreichen Führer der vereinigten Truppen, und brachte dem Papst die Nachricht von der Einnahme Budas. Großprior von Böhmen wurde er 1701. 1684 war ihm die Kommende Gröbnig zugesprochen worden. Großkreuzritter[15] ehrenhalber wurde er 1686.

In der „Geschichte der Maltser-Ordens-Kommende St. Johann in Schlesien", Troppau 1931, wird ein ausführlicher Bericht über die Tätigkeit Thuns für die Kommende Gröbnig gegeben. Da dieser Bericht einen guten Einblick in die Aufgaben eines Komturs gibt, wird er hier vollständig wiedergegeben.

„Am 1. Mai 1686 übernahm die Kommende Gröbnig Franz Sigmund Graf von Thun und Hohenstein, Erbherr auf Eula, Schönstein und Königswald. Er war gleichzeitig auch Komtur von Klein-Oels [auf der Grabplatte als Kleinholz bezeichnet] und Wien, ferner k. k. Kämmerer, Hofkriegsrat und Gen.FM. Er war ein Vater seiner verarmten Untertanen, ein eifriger Beförderer der Andacht und Gottesverehrung und ein Ordensritter im strengsten Sinne des Wortes. Wie er sich gewiß in den Herzen seiner Zeitgenossen ein Denkmal setzte, so verewigen die Überreste seiner Tätigkeit nach mehr als zwei Jahrhunderten noch seinen Ruhm. Er verdient, daß alles, was er zum Wohl seiner Untertanen in jeder Hinsicht und zur Ausgestaltung der Kommende unternahm, hier angeführt wird.

Durch die vielen Kriege waren seine Untertanen in drückendste Armut geraten. Viele hatten Haus und Hof verlassen, und ihre Besitzungen waren verwüstet. Soviel die Komture vermochten, waren sie und besonders Waldstein ihnen zu Hilfe gekommen, woraus für die Untertanen eine fast unbezahlbare Schuld entstand, die sich allein an barem Gelde auf 1887 Fl. 35 Kr. belief, abgesehen von den mehr als 200 Maltern Getreide, das ihnen zur Aussaat geliehen worden war. Der verstorbene Komtur war selbst in Schulden geraten. Die Gläubiger machten nun Ansprüche an die Untertanen, und deren Not wäre gewiß sehr groß geworden, wenn sich Thun nicht ihrer angenommen hätte. Er kaufte mit einem Pauschalbetrag, den er den lästigen Gläubigern bezahlte, die ganze Schuld. Deren größere Hälfte erließ er den Untertanen und setzte zur Tilung des restlichen Teiles so große Termine, daß nach Verlauf von sechs Jahren kein Angerplätzchen mehr unbebaut, kein Häuschen mehr unbewohnt und keine Wirtschaft mehr verwüstet dastand. In Gröbnig wurden 18, in Leisnitz 6, in Schönbrunn 4, in Wernersdorf 3, in Dittmerau 4, in Jernau 5 und in Babitz 2 neue Stellen angebaut.

Auch dem alten, ungewölbten und von schlechtem Material erbauten Kirchlein zu Gröbnig widmete er seine Fürsorge. Im Frühjahr 1700 ließ er es bis an den Turmstock niederreißen und aus dem bedeutend angewachsenen Kirchenvermögen eine große gewölbte Kirche ausführen, die bis heute noch besteht. 1701 wurde auch der alte Turm bis an den Kranz abgetragen, erhöht und mit einer zierlichen Kuppel versehen.

Das Schloß, der Wohnsitz der Komture, war fast verfallen, in der Mitte geborsten und die meisten Zimmer gestützt, so daß man kaum ohne Gefahr darin wohnen konnte. Das notwendigste Hausgerät, wie Tische und Sessel, fehlte. Er ließ es in guten Baustand setzen und sorgte für Bequemlichkeit. Mühlen, Dämme und Teiche, die mit der Zeit und durch schlechte Wirtschaft vernachlässigt waren, wurden instand gesetzt. Er errichtete auch eine Brennerei, zwei neue Eisgruben und vier neue Bräukeller.

Er bekümmerte sich um die Leitung der Kirche, deren Vorsteher er war, und um das Hospital. Er ließ sich das genaue Inventar aller ihm unterstehenden Kirchen und der Hospitalsvermögen geben und darüber genaue Rechnung führen. Er verlangte auch als Patron der Kirchen zu Leobschütz und Cosel den Beisitz bei Abschluß der Kirchenrechnungen. Da ihm dies verweigert wurde, führte er zur Erlangung seiner Rechte unter Beobachtung aller Ordenspflichten einen großen Prozeß.

Zum besseren Unterhalte der Hospitalitten verkaufte er den Wernersdorfer Gärtnern ein zum Gröbninger Hospital gehöriges Stück Acker von 20 Scheffel Leobschützer Maß Aussaat, den Scheffel für 30 Fl. rh. und einen jährlichen Zins von 45 Kr. Er entschied ferner viele Streitigkeiten und bewilligte jeden Vorschlag, der zu etwas Gutem führte.

Als Thun Ende des 17. Jahrhunderts nach Malta ging, bestellte er zum Kommendeverweser und Bevollmächtigten seinen Bruder Romedius Constantin Reichsgrafen von Thun."

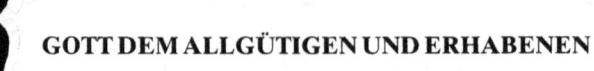

GOTT DEM ALLGÜTIGEN UND ERHABENEN

DEM FRATER FRANZISKUS SIGISMUND GRAF VON THUN DEM GROSSPRIOR VON BÖHMEN KOMTUR VON KLEINHOLZ, GRÖBNIG UND WIEN, DEM DREIMAL AUSGEZEICHNETEN, DAS HEISST DEM ÜBERAUS VERDIENTEN HAT DIE NATUR DIES ENDE FÜR DAS LEBEN GESETZT; DER RUHM SCHMÜCKT IHN FÜR DIE EWIGKEIT. WIE ER FÜR VIER JAHRE ALS GENERALKAPITÄN DAS GESCHICK DER GALEEREN BESTIMMTE, SO HATTE ER AUCH FÜR EIN JAHR HIER DAS AMT EINES KAPITÄNS GUT GEFÜHRT UND BESTENS AUSGEFÜLLT; DEN RUHM DER FLOTTE VENEDIGS SCHÜTZTE ER MIT HILFE SEINER LEUTE. DURCH SEINE ENTSCHLOSSENHEIT GEWINNT ER, BIS ER ZWEIMAL TAPFER DEN SIEG ERRINGT UND [BEUTE] VERTEILT. DIE TÜRKEN SOLLEN ES NUR LESEN, WENN SIE LEUGNEN, IHRE GESCHICHTE VOM VERNICHTEND GESCHLAGENEN STOLZ, DER BESIEGTEN ANGRIFFSLUST EINES SEHR GROSSEN SCHIFFES. BEREITS SIGISMUNDS BLUT HAT DEN TRIUMPH IN WUNDEN GESCHRIEBEN. WIE DAS BLUT VON SEINEN WUNDEN KÜNDET, SO HAT ER DIE EHRENZEICHEN, DIE ER DURCH DEN PURPUR SEINES BRUDERS EMPFANGEN HAT, DURCH SEIN BLUT VEREINIGT UND VERMEHRT. DAMIT ER, DER SCHON DURCH SEINE EIGENEN TATEN BERÜHMT WAR, NOCH GRÖSSER DASTAND, HAT INNOZENZ XI., DER GERECHTE VATER, DEN SOHN DURCH DIE VERLEIHUNG DES HEHREN EHRENZEICHENS DES GROSSKREUZES[15] SOWOHL BEREICHERT ALS AUCH BESCHENKT. BEIM HEILIGEN VATER WAR ER, ALS BUDA EINGENOMMEN WORDEN WAR, GESANDTER; FÜR DEN UNBESIEGBAREN LEOPOLD WURDE ER ALS BOTSCHAFTER IN ENGLAND, POLEN UND BAYERN EMPFANGEN. IHM, DEM ALLZEIT EBENBÜRTIGEN, JA NOCH MEHR GEEHRTEN, DEM KEINE LAST ZU VIEL WAR, DER ABER NUN DIESEM DIENST FEHLT, HAT ZUGUTERLETZT – DAMIT ER NUR NOCH DER EHRE LEBEN SOLL – JOHANN ERNST, FÜRSTBISCHOF VON SALZBURG, DES HEILIGEN APOSTOLISCHEN STUHLES LEGAT UND PRIMAS VON DEUTSCHLAND, SEINEM BRUDER DIESES MONUMENT GESETZT ALS ANERKENNUNG SEINER TÜCHTIGKEIT. IM JAHRE DES HERRN 1707.

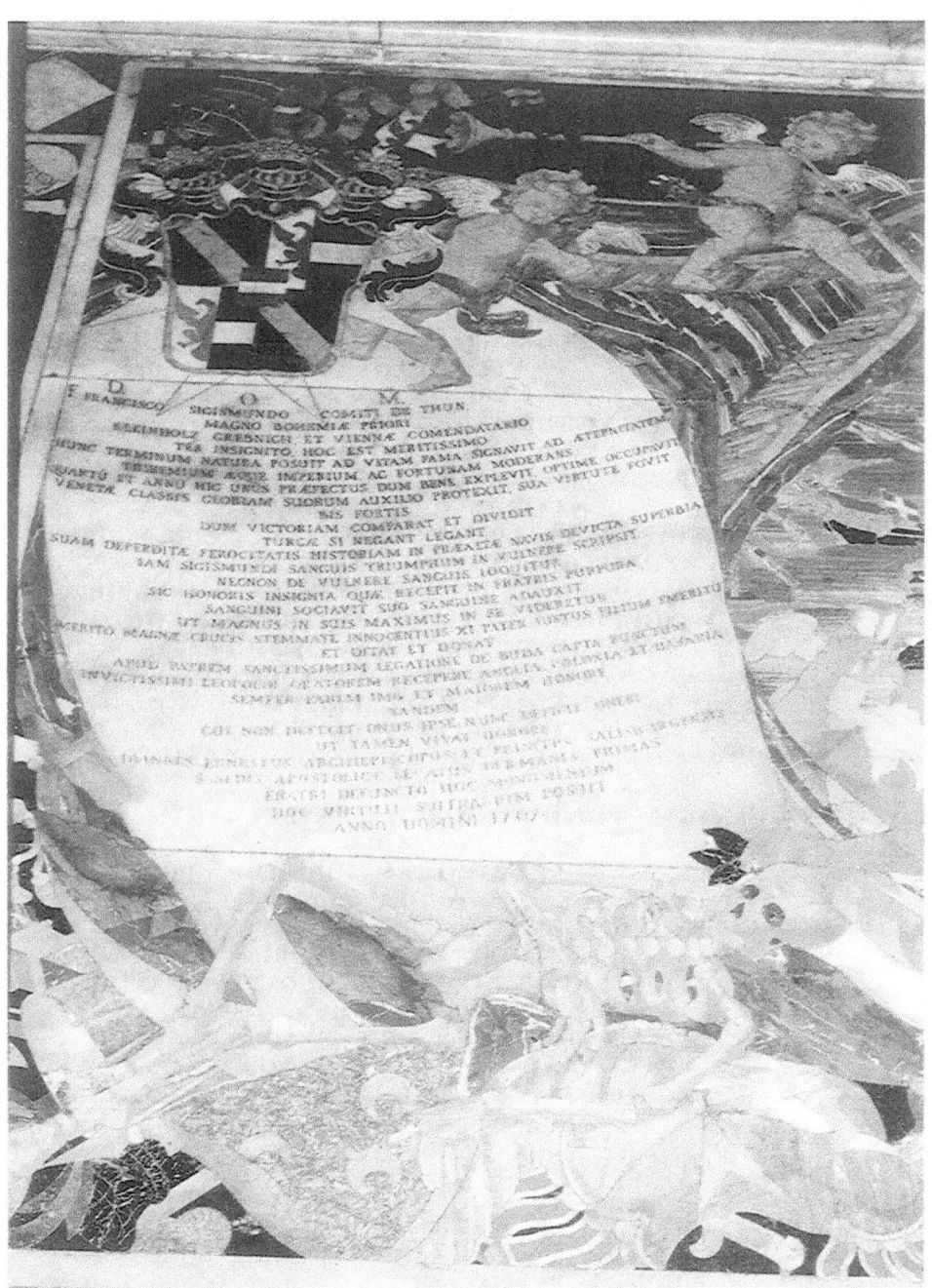

Grab 3: Fra Franziskus Sigismund Graf von Thun

1 **D. O. M.**[10]

F. FRANCISCO SIGISMUNDO COMITI DE THUN
MAGNO BOHEMIÆ PRIORI
KLEINHOLZ, GREBNICHET VIENNÆ COMMENDATORIO
TER INSIGNITO HOC EST MERITISSIMO
HUNC TERMINUM NATURA POSUIT AD VITAM, FAMA SIGNAVIT AD
ÆTERNITATEM
TRIREMIUM ÆQUE IMPERIUM AC FORTUNAM MODERANS
QUARTUM ET ANNUM HIC UNUS PRÆFECTUS DUM BENE EXPLEVIT
OPTIME OCCUPAVIT
VENETÆ CLASSIS GLORIAM SUORUM AUXILIO PROTEXIT SUA
VIRTUTE FOVIT
BIS FORTIS
DUM VICTORIAM COMPARAT ET DIVIDIT
TURCÆ SI NEGANT LEGANT
SUAM DEPERDITÆ FEROCITATIS HISTORIAM IN IN PRÆALTÆ
NAVIS DEVICTA SUPERBA
JAM SIGISMUNDI SANGUIS TRIUMPHUM IN VULNERE SCRIPSIT
NEC NON DE VULNERE SANGUIS LOQUITUR
SIC HONORIS INSIGNIA QUÆ RECEPIT IN FRATRIS PURPURA
SANGUINI SOCIAVIT SUO SANGUINE AUDAXIT
UT MAGNUS IN SUIS MAXIMUS IN SE VIDERETUR
MERITO MAGNÆ CRUCIS STEMMATE INNOCENTIUS XI PATER
IUSTUS FILIUM EMERITUM
ET DITAT ET DONAT
APUD PATREM SANCTISSIMUM LEGATIONE DE BUDA CAPTA
FUNCTUM
INVICTISSIMI LEOPOLDI ORATOREM RECEPERE ANGLIA. POLONIA
ET BAVARIA
SEMPER PAREM IMO ET MAIOREM HONORI
TANDEM
CUI NON DEFECIT ONUS IPSE NUNC DEFECIT ONERI
UT TAMEN VIVAT HONORI
JOANNES ERNESTUS ARCHIEPISCOPUS ET PRINCEPS
SALISBURGENSIS
S. SEDIS APOSTOLICÆ LEGATUS GERMANIÆ PRIMAS
FRATRI DEFUNCTO HOC MONUMENTUM
HOC VIRTUTI SUFRAGIUM POSUIT
ANNO DOMINI 1707.

---

1 D[EO] O[PTIMO] M[AXIMO]

An den beiden Seitenwänden der Kapelle der Deutschen Zunge in der St.-Johannes-Kirche in Valletta befinden sich zwei in Stein geschlagene vergoldete Wappen der Familie von Thun. Die beiden Wappen werden von Engeln gehalten. Das rechte Wappen schließt oben mit drei Helmen ab. Es ist das Wappen des Malteserritters. Das andere Wappen ist mit Kreuz und Bischofshut geschmückt und weist auf den Bruder Johannes hin, der seinem Bruder, der am 3. Mai 1702 im Lazarett von Livorno gestorben war und dort in der Kapuzinerkirche begraben ist, in der Kapelle die Grabplatte legen ließ. Auch in der Kapuzinerkirche von Livorno ließ Erzbischof Johann Ernst für seinen Bruder ein herrliches Marmorgrabmal errichten.

(U. a. nach Angaben von Matthias Graf von Thun-Hohenstein, Wien.)

Fra Franz Sebastian Graf von Wratislaw (4)

entstammte einem böhmischen Adelsgeschlecht, das seine Abstammung auf Herzog Wratislav II., 1086 König von Böhmen, zurückführt. Er wurde in Prag geboren, folgte dem Beispiel seines Bruders Adam und trat in den Malteserorden ein. Der Bruder war 1661-1663 Generalkapitän der Galeeren, dann Großbailli der Deutschen Zunge (1657-1662) und Prior von Böhmen (1662-1666). In den beiden letzten Ämtern folgte ihm Franz Sebastian als Großbailli (1662-1666) und als Großprior (1666-1676). Deshalb wird auf der Grabplatte von dem „ebenbürtigen Brüderpaar" berichtet. Er war auch Galeerenkapitän und Komtur der Kommenden Reichenbach, Maidelberg, Oberkralowitz und Alt-Brünn gewesen. In einem weiteren Bericht wird er als Komtur von Gröbnig genannt. Kaiser Leopold I. ernannte ihn zum Geheimen Rat und Statthalter des größeren Landrechts im Königreich Böhmen. Im Ordensarchiv in Valletta ist verzeichnet, daß Fra Franz Sebastian Graf von Wratislaw 1657 Mitglied der Galeeren-Kommission, 1657 Rat der Deutschen Zunge, 1657 Beauftragter für die Armen, 1657 und 1658 Richter der Deutschen Zunge, 1653, 1658 und 1661 Beauftragter für die Befestigungsanlagen und 1663 Kommissar für die Aufstellung der Karawanen[17] war. 1677 teilte ihm der Großmeister die Kommende „Corpus Christi" in Breslau zu.

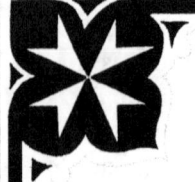 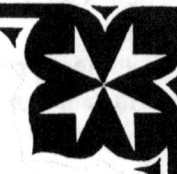

GOTT DEM EINEN UND DREIEINIGEN

FÜR FRATER FRANZ SEBASTIAN GRAF VON WRATISLAW
GROSSBAILLI VON DEUTSCHLAND, DANN PRIOR VON BÖHMEN
DER FÜR DEN HEILIGEN ORDEN VON JERUSALEM
BEI PAPST CLEMENS X. SEIN AMT ALS BOTSCHAFTER
AUS GEHORSAM GLÄNZEND AUSFÜHRTE
UND EBENSO SEINEM BRUDER ADAM IN AMT UND WÜRDEN SO NACHFOLGTE,
DASS DU KAUM IRGENDWO
EIN IHNEN EBENBÜRTIGES BRÜDERPAAR FINDEN WIRST.
DANN HAT ER VON SICH AUS
DEM AMT DES PRIORS ENTSAGT.
ER WAR ALLEM POMP ABHOLD
UND FÜHRTE EIN FROMMES LEBEN.
WEGEN SEINER BRÜDERLICHKEIT UND HOCHHERZIGKEIT
WURDE ER BENEIDET.
DEM SCHATZAMT HAT ER 50 000 GOLDDUKATEN VERMACHT.
IHM HAT DAS PRÄSIDIUM EBEN DIESES SCHATZAMTES
DIESES DENKMAL NIE VERGEHENDER DANKBARKEIT
GESETZT.
IM JAHR CHRISTI 1684 DES WIEDERGEWONNENEN HEILS.

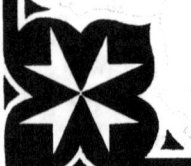 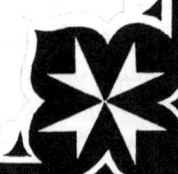

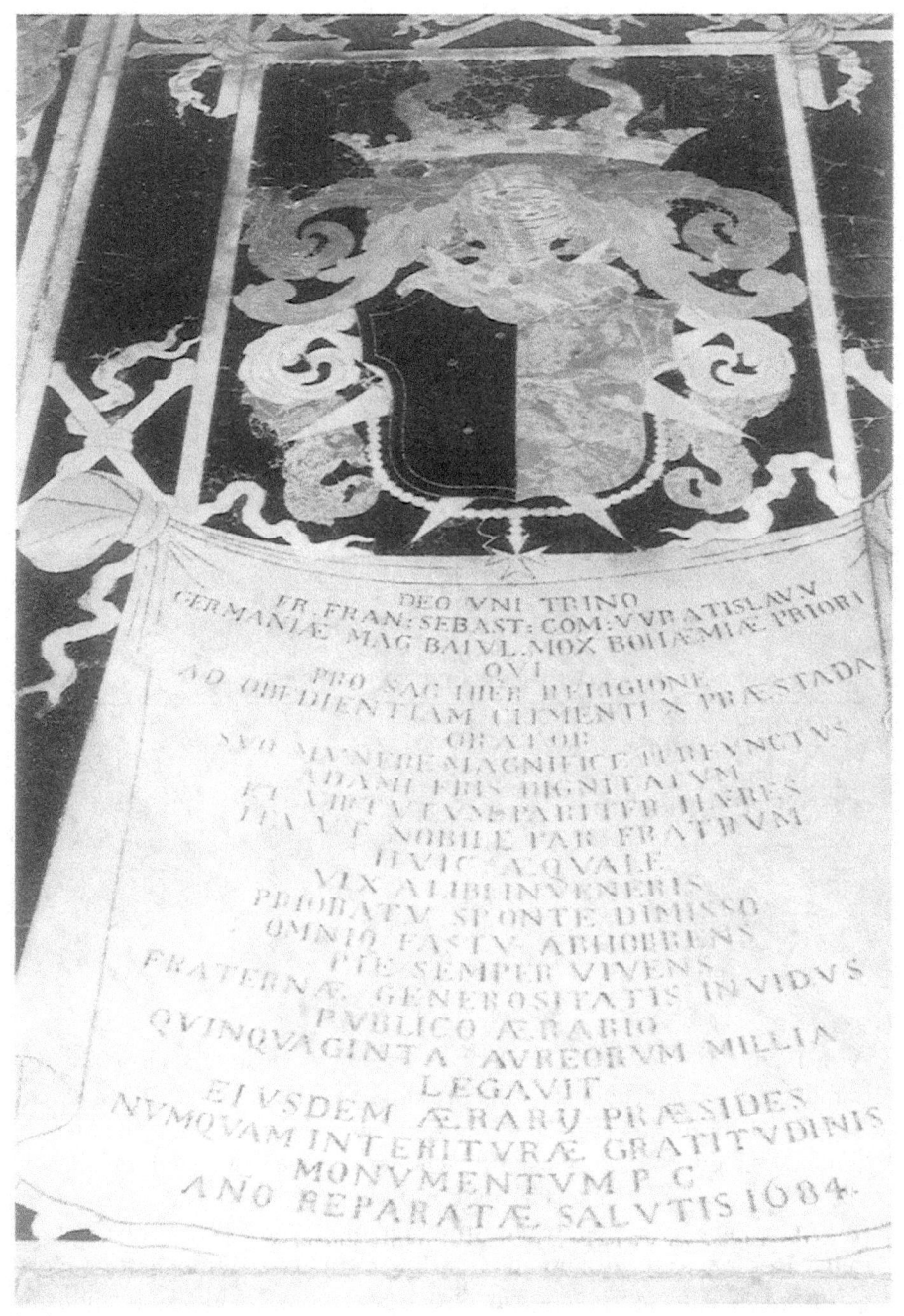

Grab 4: Franz Sebastian Graf von Wratislaw

            DEO VNI TRINO
1   FR. FRAN: SEBAST: COM: VVRATISLAVV
         GERMANIÆ MAG BAIVL. MOX BOHÆMIÆ PRIORI
                    QVI
2   PRO SAC HIER RELIGIONE
         AD OBEDIENTIAM CLEMENTI X PRÆSTADA
                   ORATOR
            SVO MVNERE MAGNIFICE PERFVNCTVS
3   ADAMI FRIS DIGNITATUM
            ET VIRTVTUVM PARITER HÆRES
              ITA VT NOBILE PAR FRATRVM
                  HVIC ÆQVALE
                VIX ALIBI INVENERIS
             PRIORATV SPONTE DIMISSO
              OMNIQ FASTV ABHORENS
                PIE SEMPER VIVENS
           FRATERNÆ GENEROSITATIS INVIDVS
                 PVBLICO ÆRARIO
          QVINQVAGINTA AVREORVM MILLIA
                    LEGAVIT
              EIVSDEM ÆRARIJ PRÆSIDES
           NVMQVAM INTERITVFRÆ GRATITVDINIS
4   MONVMENTVM P. C.
             AÑO REPARATÆ SALVTIS 1684.

1 COM[ES]
2 SA[CRA] HIER[OSOLYMITANA]
3 FR[AT]RIS
4 P[OSUIT] C[HRISTI]

Von Feyfar, Nikolsburg, berichtet 1882 „. . . . er richtete seine Aufmerksamkeit auf die dem heiligen Abte Prokop geweihte, aber baufällige Kirche auf der Kleinseite in Prag. Er ließ dieselbe mit großem Aufwand herstellen, mit einem niedlichen Türmchen verschönern und in den Turmkopf eine auf die Reparatur bezügliche Urkunde mit dem Datum vom 23. November 1669 hineinlegen. Als Herr auf Strakonitz und Warwazau verwendete er seine Reserven nur zu humanitären Zwecken, − er selbst hatte äußerst geringe Bedürfnisse. Er genoß im Orden ein großes Zu- und Vertrauen und eine besondere Achtung, so daß ihn derselbe mit einer Botschaft nach Rom zum Papst Clemens X. sandte. Von da begab er sich zum Großmeister auf die Insel Malta, wo er am 13. Januar 1675 seine Würde niederlegte und dann daselbst in stiller Zurückgezogenheit meist den Andachtsübungen oblag, bis zu seinem 1684 erfolgten Tode. Während derselbe auf der Insel residierte, verehrte er eine silberne 14 Kilo schwere Lampe der Kirche zu St. Paul in der Stadt Valletta. Der Orden erbte nach ihm 50 Tausend Stück Ducaten. Er wurde in der Kapelle der Heiligen Drei Könige, die ein Eigentum der Deutschen Zunge war, feierlich zur Erde bestattet, wo ihm vom hohen souveränen Orden ein Denkmal mit der Aufschrift errichtet wurde, welche den beiden edelsinnigen Brüdern als Großpriroen des hohen souveränen Malteserritter-Ordens nachrühmt, daß ihresgleichen kaum zu finden seien. Was kann da noch mehr zum Ruhme der Wratislawer gesagt werden?"

(U. a. nach Angaben von Fra Karl Wilhelm Horký, Prag, und Max Graf von Wratislaw, Dina, CSSR.)

Fra Franz Anton Freiherr von Schönau und Schwörstadt (5)

entstammte einem katholischen, elsässischen Uradelsgeschlecht, das sich im Laufe der Zeit in vier Zweige gliederte: Wehr, Zell (1846 erloschen), Schwörstetten/Schwörstadt (Schurstadt) (1811 erloschen) und Öschgen (1799 erloschen). Das Geschlecht hatte bis 1803 erblich das Große Meieramt des fürstlichen Damenstifts Säckingen und das Erbtruchseßamt des Hochstiftes Basel zu Lehen und war der Schwäbischen Reichsritterschaft des Kantons Hegau, der Unterelsässischen Reichsritterschaft und der Breisgauer Ritterschaft zugehörig. – Die Eltern waren Hans-Heinrich Hyrus Leontius Eusebius Freiherr von Schönau-Schwörstadt, geb. 7.8. 1663, gest. 28.4.1698, und Maria Viktoria Freiin von Freyberg. – Aus dem Geschlecht Schönau gab es eine Reihe von Malteserrittern. Im Kalender für das Großpriorat des Souveränen Johanniterordens auf das Jahr 1773 werden allein vier Ritter aus dem Geschlecht Schönau genannt. Namentlich sind wenigstens acht Malteserritter bekannt. Franz Philipp Morent Freiherr von Schönau und zu Saasen wurde dadurch bekannt, daß er

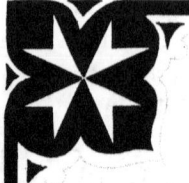 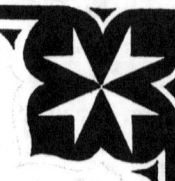

DEM VATER DIESER UND DER KOMMENDEN WELT

**FRATER FRANZ ANTON
FREIHERR VON SCHÖNAU UND SCHWÖRSTAD
BAILLI VON BRANDENBURG
KOMTUR VON KLEINERDLINGEN, VILLINGEN UND TOBEL
FÜHRENDER KAPITÄN EINER GALEERE
KAPITÄN FÜR GRAF VON THUN
PLATZKOMMANDANT
SCHATZMEISTER
IN DIESEM LETZTEN AMT SCHIED ER VON HINNEN
AM 11. JANUAR 1743.
WEGEN SEINER TREUE UND MENSCHLICHKEIT
VON ALLEN GELIEBT.**

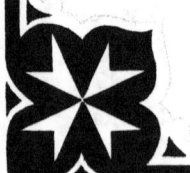 

Grab 5: Franz Anton Freiherr von Schönau und Schwörstad

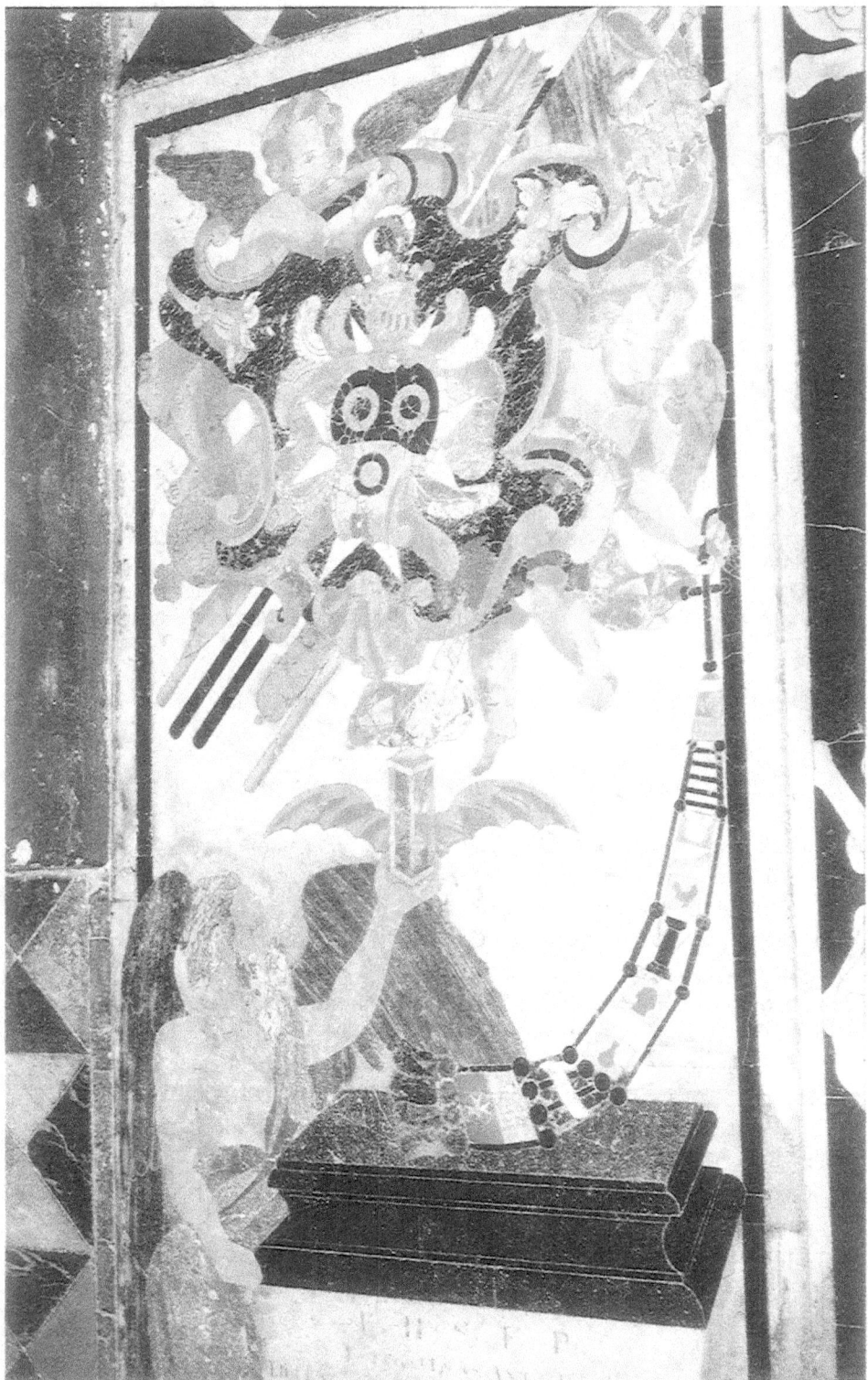

1 PHSEP

F. FRANCISCVS ANTONIVS
LIBER DYNASTIA DE SCHONAW DE SCHWRSTATT
BRANDEBVRGI BAJVLIVVS
KLAINERTTLINGHEN VILLINGHEN
AC TOBEL COMMEND.
DVX PRAETOR TRIREM. CLASS. PRAEF.
COMI. DE THVN
PRAEFECTVS MILITVM STATIONAR.
PRAEP. AERARII
QVO IN MAGISTRATU DECESSIT
TERTIO IDVS IANVARII MDCCXLIII
PIETATE ET HVMANITATE
OMNIBVS CARVS!

---

1 Die Buchstaben P.H.S.E.P. wurden gedeutet als „PATRI HUIUS SAECULI ET POSTEA". Da die Buchstaben auf der Grabplatte nicht mehr einwandfrei zu entziffern sind, wurde auch folgende Deutung gegeben „FRANCISCUS HOC SIBI EPITAPHIUM POSUIT". Ferris gibt in seinem Buch von 1881 die Überschrift mit „PHSEP" wieder. Da angenommen werden kann, daß damals die Inschrift noch lesbar war, und die meisten Inschriften mit dem Lob Gottes beginnen, wurde der ersten Deutung der Vorzug gegeben.

Großmeister Hompesch 1797 rechtzeitig, aber vergeblich vor der Invasion Maltas durch die Franzosen warnte. Fra Franz Anton Freiherr von Schönau und Schwörstadt war Kapitän einer Galeere für Graf von Thun; das heißt, er war Kapitän der Capitana, der größeren Galeere, auf der Generalkapitän von Thun die Flotte führte. Dieses Amt erhielt Freiherr von Schönau am 16.11.1695. Die Kommenden Villingen erhielt Fra Schönau 1702, Kleinerdlingen 1733. Unter der Decke über der Orgelempore in der heutigen evangelischen St.-Johannes-Kirche, der ehemaligen Kommende-Kirche von Villingen, befindet sich ein in farbigem Stuck gestaltetes Wappen des Ritters. 1706 besaß er das Amt eines „Friedensstifters" unter den Mitbrüdern, 1701, 1705 und 1709 war er für Schiffsbewaffnung zuständig, 1711 war er Zahlmeister, 1729 war er zuständig für die Zuteilung der Karawanen, 1787 Vertreter des Großbailli, 1731 war er Kommissar für die Befestigungsanlagen und Bevollmächtigter des Großmeisters für die Rechnungskammer, 1731 Mitglied in der Kommission für eine gute Verwaltung, 1735 wurde er Bailli von Brandenburg sowie 1739 und 1740 Anwalt des Öffentlichen Schatzamtes. Der Ritter hat demnach ein sehr aktives Leben im Konvent auf Malta geführt.

(U. a. nach Angaben von Roderich Freiherr von Schönau-Wehr, Sigmaringen.)

Fra Philipp Wilhelm Graf von Nesselrode-Reichenstein (6)

entstammte der Linie Reichenstein des alten, niederrheinischen Adelsgeschlechts. Der Stifter der Reichensteiner Linie, Bertram, vermählt mit Luzie Gräfin von Hatzfeld, starb 1678. Der Sohn Franz von Nesselrode erwarb vom Haus Wied die reichsunmittelbare Herrschaft Reichenstein und erhielt, nachdem er Reichsgraf geworden war, 1706 Sitz und Stimme im Westfälischen Grafenkollegium. Er war kaiserlicher Kämmerer, bergischer Erbkämmerer und Erbmarschall, kurkölnischer Geheimer Rat und Statthalter im Vest Recklinghausen. Einer seiner Söhne aus der Ehe mit Anna-Maria Freiin von Wylich zu Winnenthal war Philipp Wilhelm Graf von Nesselrode.

Die Grabinschrift für den Malteserritter sagt einiges aus über den Weg eines Ritters im Orden und über die Organisation des Ordens: Philipp Wilhelm Graf von Nesselrode wurde 1677 in Herten/Westfalen geboren und bereits am 7.4.1683 cum dispensatione minoris aetatis, mit Dispens wegen seines kindlichen Alters, in den Orden aufgenommen. Die Aufnahme im kindlichen bzw. jugendlichen Alter von unter 15 Jahren war für eine bestimmte Anzahl von Bewerbern möglich. Zuletzt konnten 24 von ihnen als Pagen am großmeisterlichen Hof in Valletta Dienst tun. Die frühe Aufnahme in den Orden war von Bedeutung, weil das Ordensalter bei der Vergabe von Ämtern eine große Rolle spielte.

Nach Ableistung von wenigstens drei, später vier Karawanen – das sind halbjährige, militärische Expeditionen zur See – und fünfjährigem Aufenthalt im Konvent von Malta, konnte der Ritter eine Kommende erhalten. Nesselrode war Komtur von Schwäbisch-Hall, Frankfurt, Schleusingen, Weißensee, Lage und Herford. Er war auch kaiserlicher Geheimer

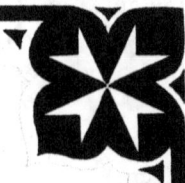

GOTT DEM ALLGÜTIGEN UND ERHABENEN

FRATER PHILIPP WILHELM
GEBOREN ALS DES HEILIGEN RÖMISCHEN REICHES
GRAF VON NESSELRODE UND IN REICHENSTEIN.
ER WAR GROSSPRIOR DEUTSCHLANDS. FÜRST DES HEILIGEN
RÖMISCHEN REICHES IN HEITERSHEIM. SCHON ALS MINDER-
JÄHRIGER TRAT ER IN DIE HEILIGE RITTERSCHAFT VON JE-
RUSALEM EIN. NACH VOLLENDUNG DER ÜBUNGEN ZUR MI-
LITÄRISCHEN AUSBILDUNG ERLANGTE ER DEN ORDENSBE-
SITZ IN SCHWÄBISCH-HALL. DANN BEKAM ER FÜR
ACHT JAHRE DAS AMT DES REZEPTORS FÜR
GANZ SÜDDEUTSCHLAND. VON DORT HIERHER ZURÜCKGE-
KEHRT, WAR ER ZUNÄCHST KAPITÄN EINER GALEERE,
DARAUF DER FLOTTE DER GALEEREN, SODANN KOMMAN-
DANT BEIDER FLOTTEN. UND ALS GROSSBAILLI DEUTSCH-
LANDS GEHÖRTE ER ZU DEN EHRWÜRDIGEN VERWAL-
TERN DES SCHATZAMTES. ER WIDMETE SICH DEM
KRIEGSRAT, WURDE ZUM VORSTEHER DER WAHRLICH
EHRWÜRDIGEN KOMMISSIONEN FÜR DIE SCHIFFE
UND DES IN DER VORSTADT FLORIANA ERRICHTETEN
ARMENHOSPITALS GEWÄHLT UND BEKLEIDETE AUCH
ANDERE ÄMTER DER EHRWÜRDIGEN DEUTSCHEN ZUNGE.
DES TODES SEHR WOHL EINGEDENK SETZTE ER SICH ZU
LEBZEITEN IM JAHR 1747, 70 JAHRE ALT, DIESES DENK-
MAL, DAMIT DU, DER DU DIESES LIEST, SEINE SEELE DEM
EWIGEN SCHÖPFER IM FROMMEN GEDENKEN EMPFIEHLST.
ER STARB AM 16. JANUAR 1754.

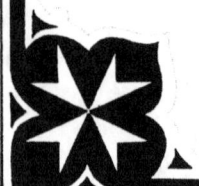
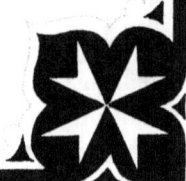

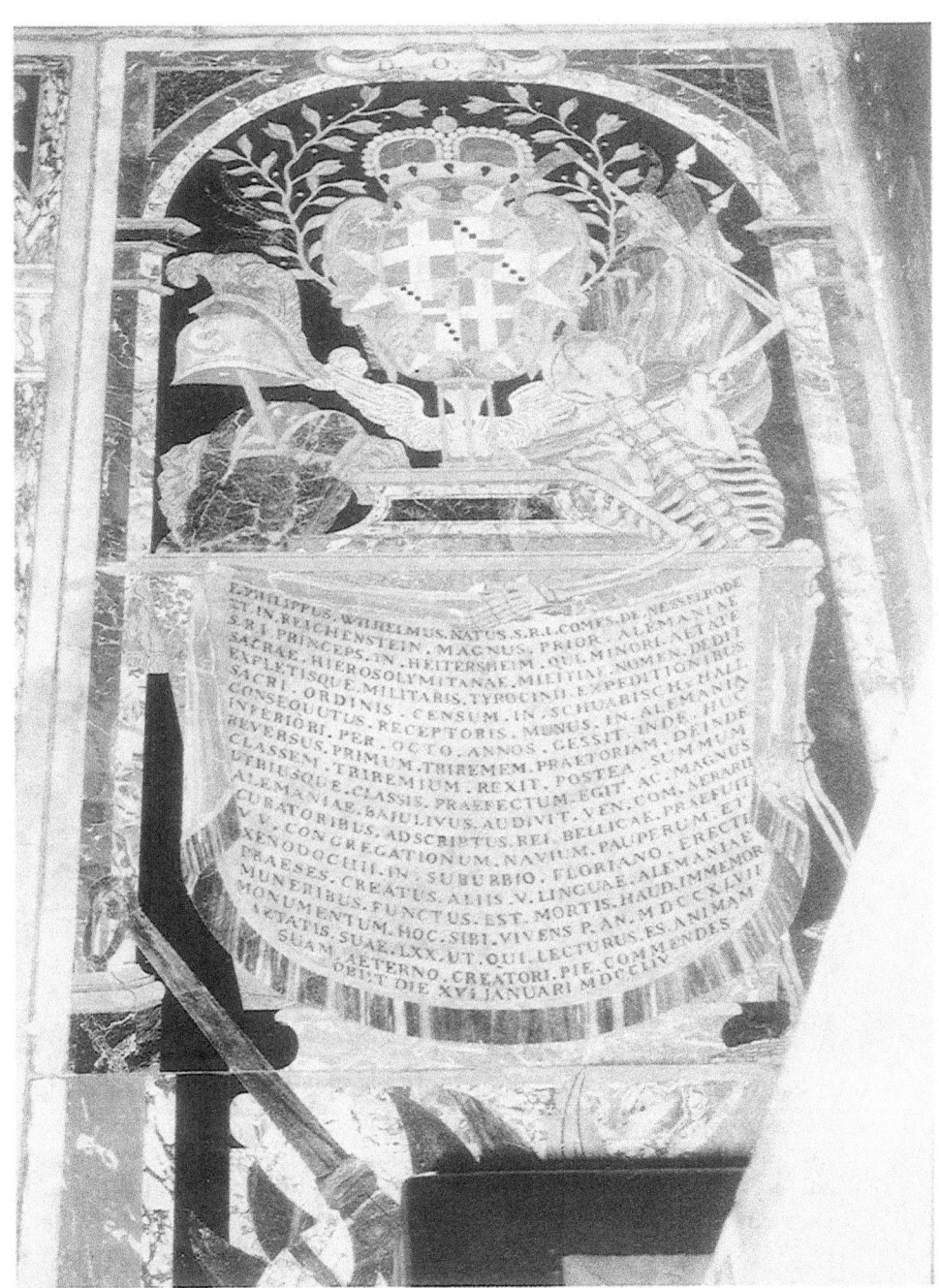

Grab 6: Philipp Wilhelm Graf von Nesselrode-Reichenstein

D. O. M.

1 F. PHILIPPUS. WILHELMUS. NATUS. S. R. I. COMES.
DE. NESSELRODE
ET. IN. REICHENSTEIN. MAGNUS. PRIOR. ALEMANIAE
S. R. I. PRINCEPS. IN. HEITERSHEIM, QUI. MINORI. AETATE
SACRAE. HIEROSOLYMITANAE. MILITIAE. NOMEN. DEDIT
EXPLETISQUE. MILITARIS. TYROCINII. EXPEDITIONIBUS
SACRI. ORDINIS. CENSUM. IN. SCHWABISCH. HALL
CONSEQUUTUS. RECEPTORIS. MUNUS. IN. ALEMANIA
INFERIORI. PER. OCTO. ANNOS. GESSIT. INDE. HUC
REVERSUS. PRIMUM. TRIREMEM. PRAETORIAM. DEINDE
CLASSEM. TRIREMIUM. REXIT. POSTEA. SUMMUM
UTRIUSQUE. CLASSIS. PRAEFECTUM. EGIT. AC. MAGNUS
ALEMANIAE. BAJULIVUS. AUDIVIT. VEN. COM. AERARII
CURATORIBUS. ADSCRIPTUS. REI. BELLICAE. PRAEFUIT
2 VV. CONGREGATIONUM. NAVIUM. PAUPERUM. ET
XENODOCHII. IN. SUBURBIO. FLORIANO. ERECTI
PRAESES. CREATUS. ALIIS. V. LINGUAE. ALEMANIAE
MUNERIBUS. FUNCTUS. EST. MORTIS. HAUD. IMMEMOR
3 MONUMENTUM. HOC. SIBI. VIVENS. P. AN. MDCCXLVII
AETATIS. SUAE. LXX. UT. QUI. LECTURUS. ES. ANIMAM
SUAM. AETERNO. CREATORI. PIE. COMMENDES
OBIIT DIE XVI JANUARI MDCCLIV

1 S[ANCTI] R[OMANI] I[IMPERII]
2 V[ERO] V[ENERABILIUM]
3 P[OSUIT]

Rat. Als Rezeptor (Abgabeneinnehmer) war er für das Schatzamt des Ordens in Süddeutschland tätig. Nach seiner Rückkehr nach Malta wurde er als Großbailli Chef der Deutschen Zunge (1721-1727). Vorher war er 1715 Kapitän der Capitana[13] (der Hauptgaleere) und 1720 Kapitän eines Linienschiffes und schließlich 1722 Generalkapitän gewesen. Dann wurde er seinem Ordensalter und -rang entsprechend Großprior von Deutschland (1727-1757) und damit „Oberster Meister in teutschen Landen" und Fürst des Heiligen Römischen Reiches Deutscher Nation mit Sitz in Heitersheim. Diese Würde war erstmalig 1548 von Kaiser Karl V. an den Prior von

Deutschland, Georg Schilling von Canstatt, verliehen worden. Die Wappen Nesselrodes befinden sich an einigen Gebäuden im Schloß Heitersheim, die dort während seiner Amtstätigkeit errichtet worden waren.

Die Wappendarstellung auf der Grabplatte unterscheidet sich von den übrigen Wappen dadurch, daß sie so aufgeteilt ist, daß im Wechsel je 2 Wappen des Ordens und des Geschlechtes Nesselrode in einem Schild dargestellt werden. Diese Besonderheit weist auf das hohe Ordensamt des Großpriors hin. Die Einbeziehung des Ordenswappens in den Wappenschild findet man auch bei den Grabplatten von Fra Johann Baptist von Schauenburg und Fra Franziskus Christopherus Sebastian von Remchingen, die ebenfalls Großprioren waren. Sie war sonst nur bei Großmeistern üblich. Die Fürstenkrone über dem Wappen ist ein Hinweis dafür, daß Graf Nesselrode mit der Übernahme des Amtes eines Großpriors, des „Obersten Meisters in Deutschland", auch Fürst des Heiligen Römischen Reiches Deutscher Nation geworden war.

Im Wappen ist der Mittelschild mit dem silbernen Balken auf rotem Grund nicht ganz richtig dargestellt. Tatsächlich zeigt das Familienwappen Nesselrode einen nach oben und unten gezinnten Balken.

Unter den Ämtern, die er auf Malta besaß, wird auf der Grabplatte besonders das Amt des Vorstehers der Kommission des Armenhospitals in Floriana, der Vorstadt von Valletta, erwähnt. Es ist ein Hinweis auf die soziale Tätigkeit des Ordens auf Malta, die besonders in einem geordneten Gesundheitswesen zum Ausdruck kam. Das große Hospital, die Sacra Infermeria, war im Krankenpflegedienst vorbildlich. Dazu kam eine Reihe von sozialen Einrichtungen, z. B. das Altenheim in Floriana, das 1732 von Großmeister Vilhena gegründet worden war. Es sollte von einer Kommission von 10 Mitgliedern, fünf Ordensmitgliedern und fünf Maltesen verwaltet werden. Präsident dieser Kommission sollte ein Ordensbailli sein. Philipp Wilhelm von Nesselrode war Präsident der Kommission. Das Gebäude stand gegenüber der heutigen Erzbischöflichen Kurie.

Fra Nesselrode war auch ein großzügiger Stifter für die Ausschmückung der Deutschen Kapelle der Konventskirche St. Johannes. Er ließ 1730 auf seine Kosten den steinernen Altar durch einen Altar aus Marmor ersetzen. Nesselrodes Wappen befindet sich auch am Altar in der Kirche „Lady of Victory" in Valletta, der dem hl. Johannes dem Täufer und dem hl. Philipp

Neri gewidmet ist. Es kann angenommen werden, daß der Altar eine Stiftung Nesselrodes zu Ehren des Ordens- und seines Namenspatrons ist.

Ein Neffe des Großpriors, Hermann Adolf Graf von Nesselrode-Reichenstein, war ebenfalls Malteserritter (geb. 25.5.1702, in den Orden aufgenommen am 5.4.1705). Er war Komtur von Borken und Wesel und Nachfolger von Fra Philipp Wilhelm als Komtur der Kommenden Lage und Herford. Er geriet 1742 in türkische Gefangenschaft, aus der er 1743 losgekauft wurde. Er starb 1747 in Herten. Sein Wappen ist in der ehemaligen Kommendekirche von Lage bei Osnabrück zu sehen.

(U. a. nach Angaben von Johann Hermann Graf von Nesselrode, Ruppichteroth.)

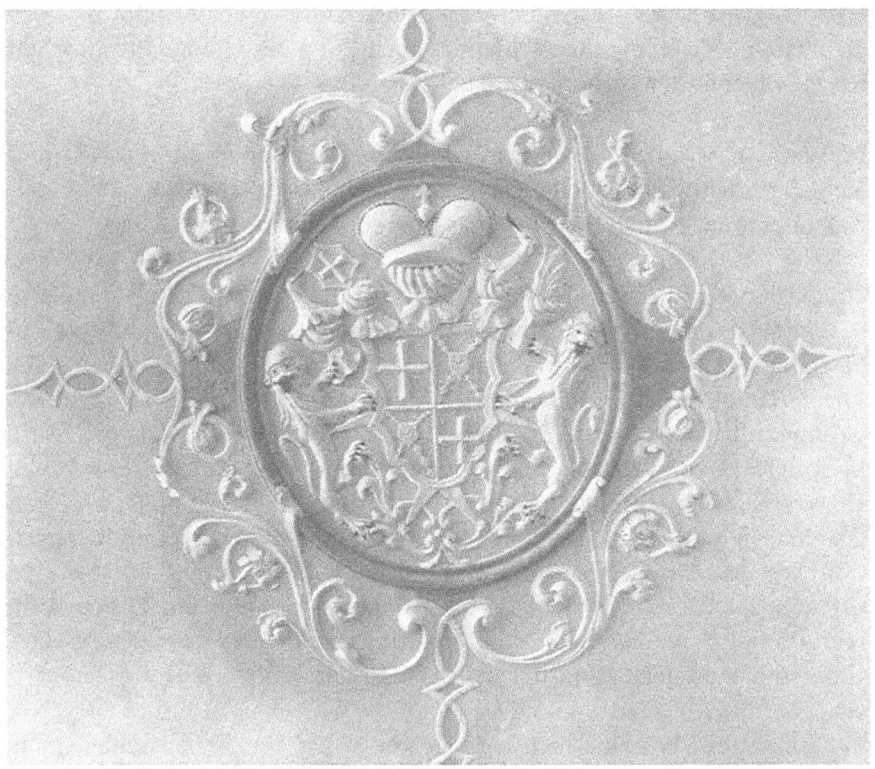

Wappen des Großpriors Fra Philipp Wilhelm Graf von Nesselrode und Reichenstein an einer Decke im Ritterhaus des Malteserschlosses in Heitersheim, dem Sitz des ehemaligen Großpriorats von Deutschland
Foto: Willy Pragher, Freiburg i. Br.

Fra Hermann Freiherr von Beveren (7)

entstammte einem alten, westfälischen, heute erloschenen Adelsgeschlecht, das 1679 in den Reichsfreiherrnstand erhoben worden war. Als Stammsitz wird Bevern im Kreis Warendorf in Westfalen genannt. Auf einer Stammtafel im Landesarchiv Münster wird „Herman, 1710, Johanniter-Kompthur zu Rottenburg" als 6. Kind von Johann Gottfried von Beveren zu Beverburg, Lette, Rheine und Devensburg und der Catharine Odilie, geb. Freiin von Wendt, Erbin zu Lette, aufgeführt. Der Name wird als Bevern und Beveren geschrieben.

Mit „Rottenburg" ist Rothenburg ob der Tauber gemeint, wo Fra Hermann Freiherr von Beveren als Komtur für das Jahr 1719 nachgewiesen ist. Als Großkreuzritter war er 1727 Großbailli und als Chef der Deutschen Zunge an der Ordensregierung beteiligt. Er besaß den Titel eines Priors von Dacien (Skandinavien). Das Priorat Dacien war nach der Reformation eingegangen. Der Titel „Prior von Dacien" wurde danach an verdiente Ritter des deutschen Großpriorates vergeben. Fra Hermann Freiherr von Beveren war außerdem Inhaber der Kommenden Überlingen (1690), Tobel (1721) und Rothenburg (1719). 1723 war er Vertreter des Großbailli und davor (1712) Rat der Deutschen Zunge gewesen.

Vorher hatte er offensichtlich seinen militärischen Dienst im kaiserlichen Heer Leopolds I. zur Zeit der Belagerung Wiens (1683) und der Eroberung Ofens im „Lothringischen Aufgebot", das heißt unter dem Oberbefehl von Karl V. Leopold von Lothringen abgeleistet. Dieser Militärdienst gegen die Türken wurde dem Karawanendienst gleichgesetzt; er war u. a. Voraussetzung für die Erlangung einer Kommende.

Im Ordensarchiv von Valletta wird Beveren außerdem als Kommissar für die Quarantäne-Station, als Kommissar für die Aufsicht über das Ordenshospital (1733), als Kommissar für die Novizen (1732) und als Kommissar für die Befestigungsanlagen aufgeführt.

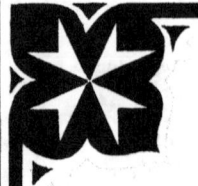 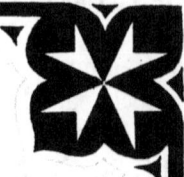

GOTT DEM ALLGÜTIGEN UND ERHABENEN

DEM FRATER HERMANN FREIHERRN VON BEVEREN
DEM GROSSKREUZRITTER VON JERUSALEM
DES HEILIGEN ORDENS KOMTUR DER KOMMENDE TOBEL
GROSSBAILLI VON DEUTSCHLAND
PRIOR VON DACIEN
IN DAS KAISERLICHE HEER EINGETRETEN
WAR ER OFFIZIER IM LOTHRINGISCHEN AUFGEBOT.
BEI DER LEITUNG DER RÜSTKAMMER HAT ER
MIT TÜCHTIGKEIT GEWALTET.
DURCH KLUGHEIT, REDLICHEN CHARAKTER UND ANGENEHME
ART GEWANN ER ALLE HERZEN FÜR SICH
ER STARB UND LIESS UNS ZURÜCK,
DIE WIR IHM SCHMERZLICH NACHTRAUERN
AM 26. JANUAR IM JAHR 1736 DES WIEDERHERGESTELLTEN HEILS.
ER WURDE 67 JAHRE ALT.

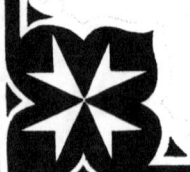 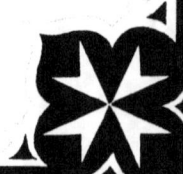

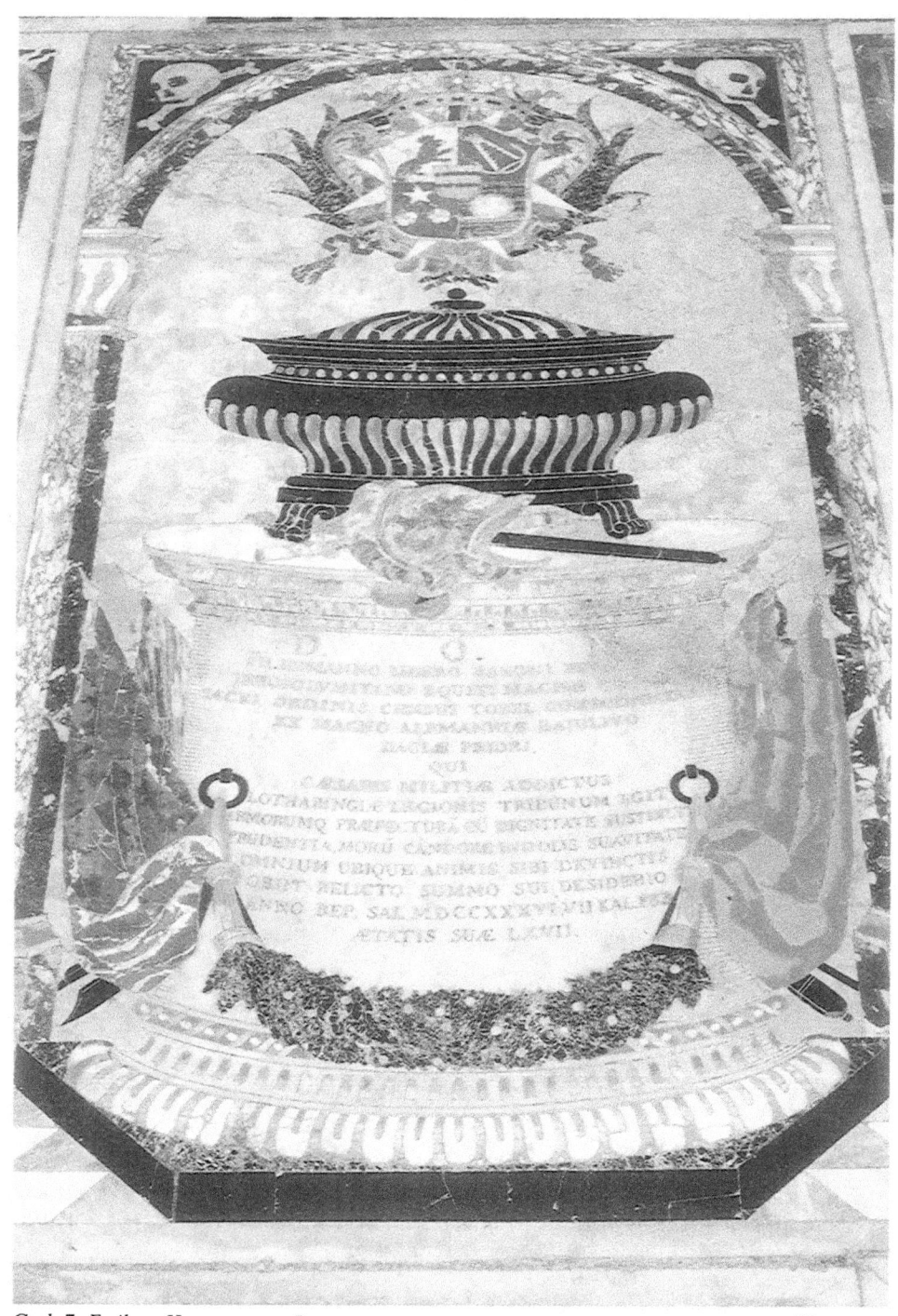

Grab 7: Freiherr Hermann von Beveren

D. O. M.

**FR. ERMANNO LIBERO BARONI BEVEREN
JEROSOLYMITANO EQUITI MAGNÆ CRUCIS
SACRI ORDINIS CENSUS TOBEL COMMENDATARIO
EX MAGNO ALEMANNIÆ BAJULIVO
DACIÆ PRIORI
QUI
CÆSARIS MILITIÆ ADDICTUS
LOTHARINGIÆ LEGIONIS TRIBUNUM EGIT
ARMORUMQ PRÆFECTURĀ CŪ DIGNITATE SUTINUIT
OMNIUM UBIQUE ANIMIS SIBI DEVINCTIS
OBIIT RELICTO SUMMO SUI DESIDERIO
ANNO REP. SAL. MDCCXXXVI.VII KAL. FEB.
ÆTATIS SUÆ LXVII.**

1 REP[ERATAE] SAL[UTIS]

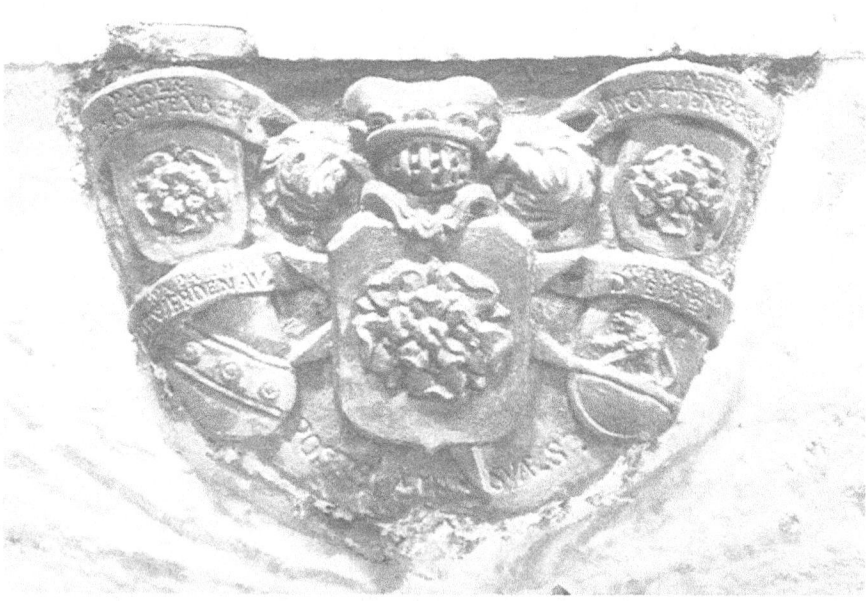

Wappen Guttenbergs in der Kapelle der „Schmerzensreichen Mutter" auf Malta mit den Wappen seines Vaters, seiner Mutter und seiner Großmütter väterlicherseits (DE WERDENAU) und mütterlicherseits (D'ELTZ).
Foto: Joseph A. Yella, Malta.

Fra Wolffgang Philipp Freiherr von und zu Guttenberg (8)

Die Grabplatte für diesen Ritter unterscheidet sich von denen der übrigen Gräber durch die hervorragende Darstellung eines Knochenmannes mit Stundenglas und durch eine einfache klassische Inschrift, die der Ritter selbst für sich bestimmt hatte. Als wenn er es nicht nötig gehabt hätte, seine Verdienste auf der Grabplatte geschrieben zu haben; denn auf Malta künden noch heute an vielen Stellen religiöse und soziale Einrichtungen von der Großherzigkeit dieses Malteserritters: in den Marienheiligtümern von Zabbar und Mellieha, bei den Franziskanern in Floriana und in Rabat, in Msida durch eine Waschloggia für die Landfrauen und in verschiedenen Kirchen durch Stiftungen zur Feier von hl. Messen. Inschriften und Wappen Guttenbergs erinnern an vielen Stellen daran. Freiherr Wolffgang von und zu Guttenberg, der einer alten Adelsfamilie im Frankenland entstammte, wurde noch 1898 (!) vom Maler Guiseppe Cali auf einem Gemälde in der Pfarrkirche von Mellieha in dankbarer Erinnerung stellvertretend für den Orden dargestellt.
Im Franziskaner-Kloster in Rabat auf Malta hängen drei handgemalte Porträts. Das eine zeigt den Ritter Wolffgang Philipp, das andere seinen Bruder Johannes Gottfried, der 1684 zum Fürstbischof von Würzburg gewählt worden war. Das dritte Porträt stellt seinen jüngeren Bruder Franz-Theodor dar, der 1715 zum Weihbischof in Augsburg und Titularbischof von Dardanos geweiht worden war.

In den Ecken der Grabplatte sind oben die Wappen der Eltern aus dem Geschlecht von Guttenberg und unten die Wappen seiner Großmütter aus den Familien von Werdenau (links) und von Eltz (rechts) dargestellt.
Guttenberg hat sich wegen wichtiger Ämter in der Ordensverwaltung wohl immer auf Malta aufgehalten. Auf den Kommenden waren Verwalter in seinem Auftrag tätig. So verwaltete z. B. die Kommende Kleinerdlingen bei Nördlingen sein Bruder, Franz Dietrich von Guttenberg, der Domdekan in Augsburg war. Die katholische Pfarrei zum heiligen Johannes dem Täufer in Kleinerdlingen besitzt noch folgende Stiftungen des Komturs Guttenberg: einen Kelch, eine Monstranz und eine Garnitur Wasser- und Weinkännchen mit Wappenschild und der Jahreszahl 1698.

 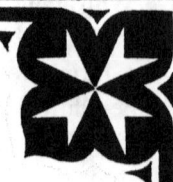

**FRATER WOLFFGANG PHILIPP FREIHERR
VON UND ZU GUTTENBERG
DES HEILIGEN ORDENS VON JERUSALEM BAILLI VON
BRANDENBURG
KOMTUR DER KOMMENDEN BRUCHSAL, KLEINERDLINGEN
UND KRON-WEISSENBURG.
ER WAR, AUCH DU WIRST NICHT SEIN.
ER VERSCHIED AM 4. DEZEMBER 1733.**

**RAUCH UND STAUB SIND WIR,
UND ASCHE NUR IST UNSER LETZTES ENDE.**

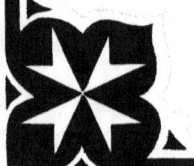 

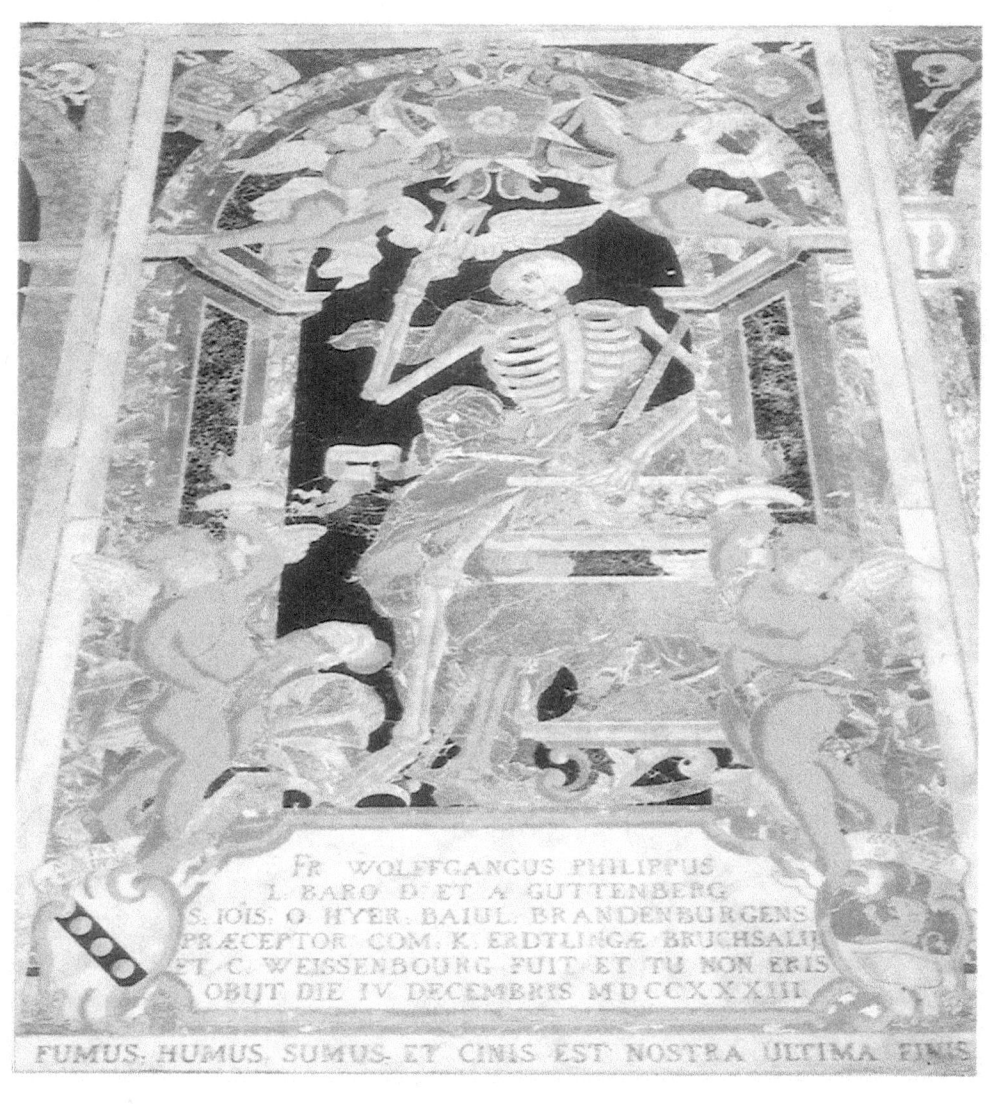

Grab 8: Wolffgang Philipp Freiherr von und zu Guttenberg

**FR. WOLFFGANGUS PHILIPPUS
L: BARO D: ET A GUTTENBERG
1   S: IOIS: O: HYER: BAIUL: BRANDENBURGENS.
2   PRÆCEPTOR COM: K: ERDTLINGAE BRUCHSALIJ:
ET C: WEISSENBOURG FUIT ET TU NON ERIS
OBIJT DIE IV. DECEMBRIS MDCCXXXIII.
FUMUS; HUMUS; SUMUS; ET CINIS EST NOSTRA ULTIMA FINIS**

1 S[ANCT]I IO[ANN]IS O[RDINIS] HYER[OSOLIMITANI]
2 COM[MENDARUM]

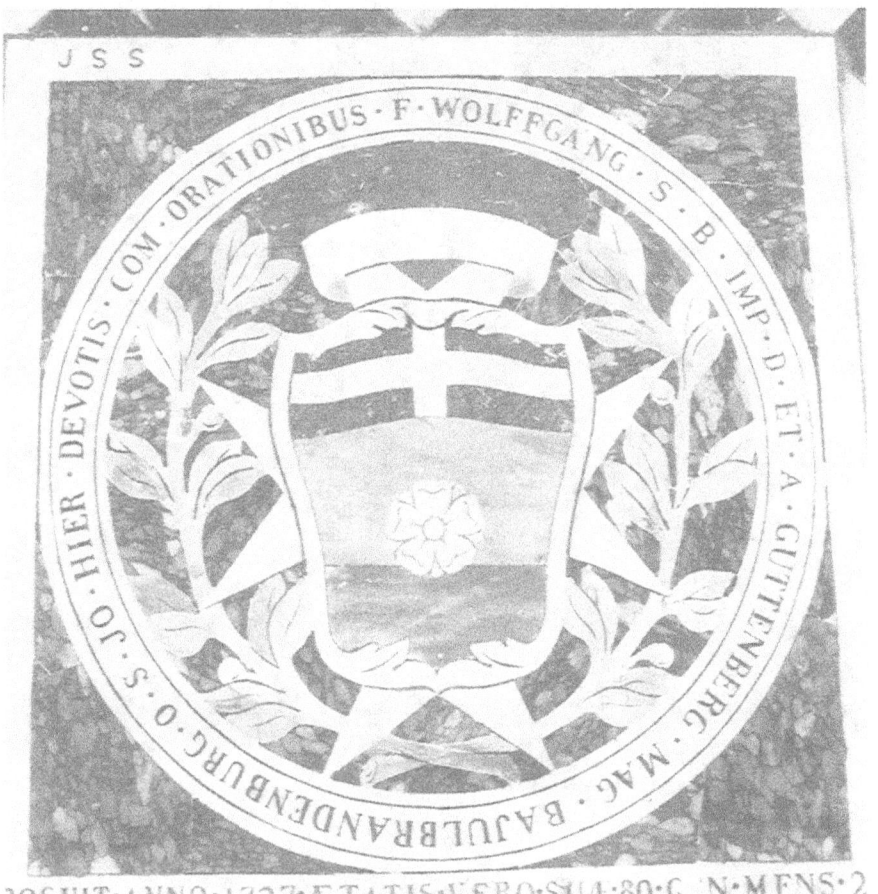

Name und Wappen Guttenbergs auf dem marmornen Boden des Presbyteriums der Allerseelen-Kirche in Valletta
Foto: Joseph A. Vella, Malta

Fra Johannes Sigismund Graf von Schaesberg, (9)

geboren im März 1662, stammte aus einem rheinischen Adelsgeschlecht. Er war Sohn des Freiherrn Friedrich Arnold von Schaesberg, Herrn von Hardenberg (1630-1666) und der Isabella Margarete von Bernsau, Erbin von Hardenberg († 1697). 1706 wurden die Freiherrn von Schaesberg in den Grafenstand erhoben und in das Westfälische Grafenkollegium aufgenommen. Graf Schaesberg war als Malteserritter an den Kämpfen gegen die Türken beteiligt. Die Ortsnamen Leuca und Nicopolis (Westgriechenland) und Coronea (Mittelgriechenland) weisen darauf hin, daß die Türken zu Land und zu See unter Beteiligung der Streitkräfte des Ordens bekämpft wurden. Fra Sigismund von Schaesberg wurde am 23. November 1689 Kapitän der Galeere „Santa Maria". Es war die Zeit nach dem Sieg über die Türken bei Wien und Ofen (Buda). Er war nicht nur Komtur von Steinfurt und Münster (1711-1717), sondern auch von Lage, Herford, Hasselt, Worms und Villingen gewesen. Im Ordensarchiv ist außerdem verzeichnet, daß Fra Johannes Sigismund Graf von Schaesberg 1704 Großkreuz ehrenhalber wurde. 1716 war er Kommissar für militärische Obliegenheiten, 1717 war er für die Novizen zuständig. In der ehemaligen Kommende-Kirche von Herford, der heutigen katholischen Pfarrkirche St. Johannes, kann man an der Decke und der Empore die Wappen Schaesbergs bewundern. Ein weiteres Wappen des Ritters befindet sich am Südgiebel einer Zehntscheune in Bad Dürrheim. Ort und Kirche Dürrheim waren von Heinrich Graf von Fürstenberg 1280 der Malteserordens-Kommende in Villingen geschenkt worden. Die Stadt Bad Dürrheim führt heute ein Wappen, das im rechten Feld ein Malteserkreuz zeigt.
Im Kreisarchiv von Viersen werden Briefe des Malteserritters aufbewahrt, wovon der älteste aus Malta aus dem Jahre 1683 stammt. In der Familiengeschichte spielt der Ritter als Vormund der Kinder des Freiherrn von Stein aus der Ehe mit Frau von Bernsau, geb. von Schöller eine Rolle.
Der auf der Grabplatte genannte Kurfürst war Johann Wilhem von der Pfalz (1690-1716). Karl VI., König von Spanien (1703-1714), war Kaiser (1711-1740). Beim Einsatz der Flotte von Venedig handelt es sich um die letzte Seeschlacht mit den Türken, bei der Morea (Peloponnes) wieder verlorenging.

 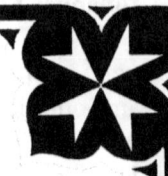

GOTT DEM ALLGÜTIGEN UND ERHABENEN.

HIER LIEGEN DIE STERBLICHEN ÜBERRESTE
VON JOHANNES SIGISMUND VON SCHAESBERG
GRAF DES HEILIGEN RÖMISCHEN REICHES.
BAILLI, KOMTUR VON STEINFURT UND MÜNSTER.
NACHDEM ER IM JAHR 1682 DER HEILIGEN RITTERSCHAFT
BEIGETRETEN WAR, WAR ER ALS UNTERFÜHRER DER DEUT-
SCHEN TRUPPE BEI DER ERSTÜRMUNG VON LEUCA UND
NICOPOLIS BETEILIGT, DABEI WURDE ER IN CORONEA
DURCH VERWUNDUNG AUSGEZEICHNET, NACH MEHREREN
UNTERNEHMUNGEN AUF SEE WURDE ER GALEERENKAPITÄN.
DANN STIEG ER SCHLIESSLICH ZUM GENERALREZEPTOR FÜR
DEUTSCHLAND AUF. AUCH WURDE ER GEWÜRDIGT, DEN
EHRWÜRDIGEN RÄTEN DES ERHABENEN KURFÜRSTEN
JOHANN WILHELM, JA SOGAR DES KAISERS KARL AN-
ZUGEHÖREN, DER IHN, ALS ER SICH IM JAHRE 1715 BEI
DER FLOTTE VON VENEDIG EINSCHIFFTE, ALS KOMMAN-
DEUR DEN OBERBEFEHL ÜBER DIE CHRISTLICHE FLOTTE
ÜBERTRUG.
SCHLIESSLICH KAM FÜR IHN, NACHDEM ER IN KRIEG
UND FRIEDEN SO VIELE ÄMTER HERVORRAGEND BE-
KLEIDET HATTE, DER LETZTE TAG, DER 21. SEPTEMBER
1718.

 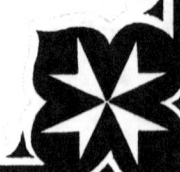

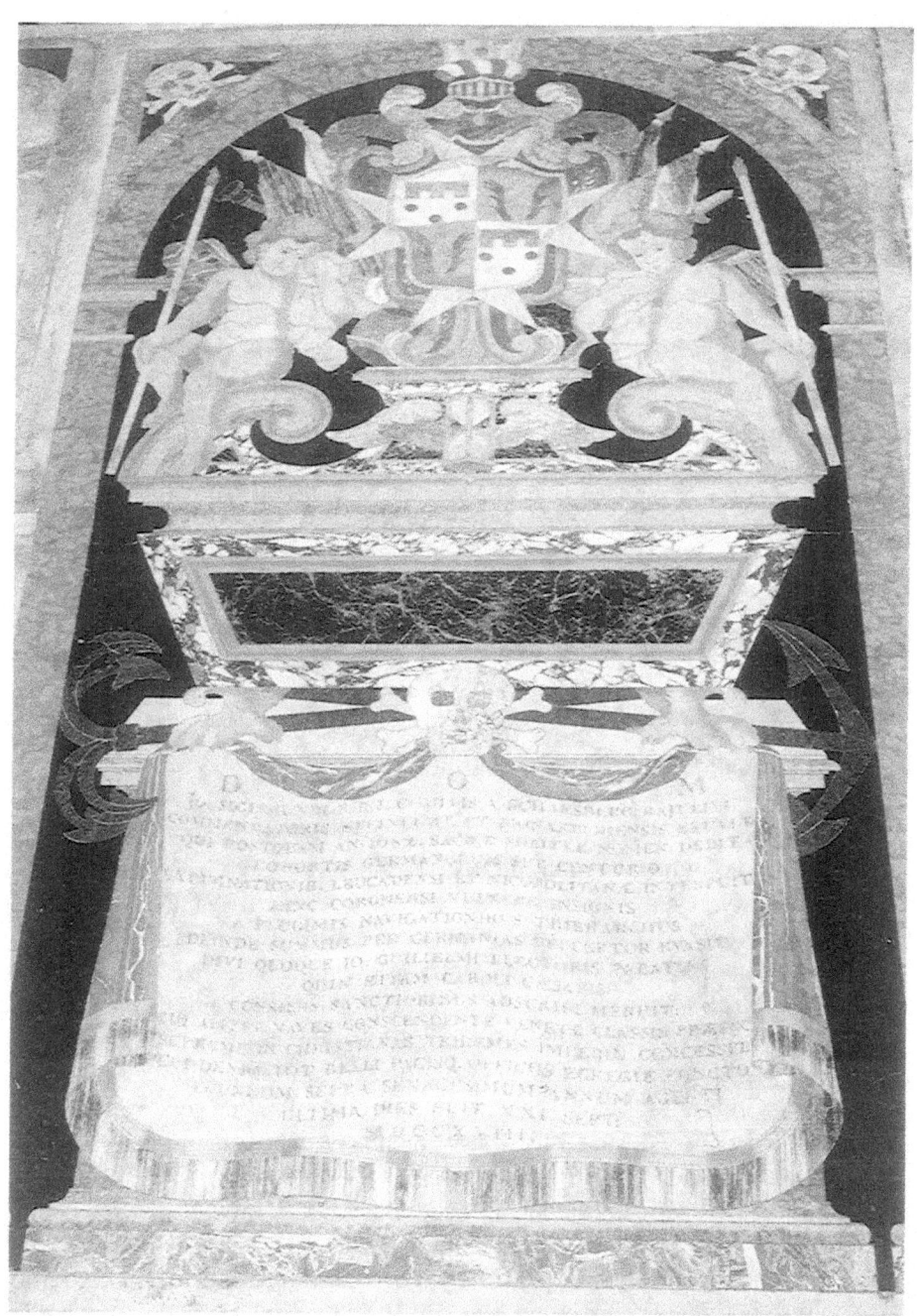

Grab 9: Johann Sigismund Graf von Schaesberg

D O M

**JO. SIGISMUNDI S.R.I. COMITIS A SCHAESBERG BAJULIVI
COMMENDATORIS STEINFURT. ET MONASTERIENSIS EXUVIÆ
QUI POSTQUAM AN 1682 SACRÆ MILITIÆ NOMEN DEDIT
COHORTIS GERMANORUM SUB CENTURIO
EX PUGNATIONIB. LEUCADENSI ET NICOPOLITANÆ INTERFUIT:
HINC CORONENSI VULNERE INSIGNIS
A PLURIMIS NAVIGATIONIBUS TRIERARCHUS
DEINDE SUMMUS PER GERMANIAS PERCEPTOR EVASIT.
DIVI QUOQUE JO: GUILIELMI ELECTORIS PALATINI
QUIN ETIAM CAROLI CÆSARIS
CONSILIIS SANCTIORIBUS ADCRIBI MERUIT
CUI A: 1715 NAVES CONSCENDENTE VENETÆ CLASSIS PRÆFECTO
SUPREMU IN CHRISTIANAS TRIREMES IMPERIU CONCESSIT
CUI DENIQ. TOT BELLI PACISQ. OFFICIIS EGREGIE FUNCTO
ULTIMA DIES FUIT XXI. SEPT:
MDCCXVIII.**

Fra Ferdinand Ernst Freiherr von Stadl (10)

auf Riegersburg, Lichtenegg und Freiberg war der Sohn des Johann Rudolf Freiherrn von und zu Stadl und der Maria Clara, geb. Gräfin Galler. Das Geschlecht ist erloschen. Ferdinand wurde in der Schloßkapelle von Schloß Stadl an der Raab in der Oststeiermark am 20. Juli 1684 getauft. Taufpaten waren Franz Adam Graf von Dietrichstein und dessen Ehefrau Maria Rosina, Gräfin Trautmannsdorff. 1699 absolvierte er seine Kavalierstour (Bildungsreise) durch Teile des Heiligen Römischen Reiches und durch Italien: Über Venedig, Florenz, Rom und Neapel erreichte er Malta und nahm auf einer ranghohen Galeere an Kampfhandlungen gegen die Türken teil, d. h. er absolvierte seine „Karawanen". 1702/1703 bemühte er sich um Aufnahme in den Orden. Er war dann Kapitän einer Galeere. Zwischen 1708 und 1710 war er wieder in der Steiermark, kehrte bald nach Malta zurück, wo er 33 Jahre bis zu seinem Tode verbrachte. Er war in der Finanzkommission für die Galeeren tätig, Großkreuz-Ritter und Komtur von Groß-Tintz, Troppau und Mackow in Schlesien. Als „Minister" hat er den Österreichischen Hof von 1737-1743 beim Orden vertreten. Fra

Ferdinand Ernst Freiherr von Stadl war offensichtlich aufgrund seiner Reisen ein vielseitig gebildeter Mann. Die Abbildung von Büchern und des Äskulapstabes auf der Grabplatte soll wohl auf seine wissenschaftliche Bildung hinweisen. Die Inschrift auf seiner Grabplatte berichtet von der Teilnahme des Ritters an Wahlen der Großmeister Marc Antonius Zondadari (1720), Manoel de Vilhena (1722), Raimond Despuig (1736) und Emanuel Pinto (1741). Die Inschrift läßt Schlüsse auf die Wahlordnung zu, die darin bestand, daß sich die wahlberechtigten Ordensmitglieder in der Konventskirche St. Johannes versammelten. Jede Zunge benannte zunächst drei Wahlmänner. So hatte man 24 Wahlmänner. Diese 24 Wahlmänner wählten eine Drei-Männer-Gruppe, die die Durchführung der Wahl in der Art übernahm, daß sie vier Wahlmänner dazu wählten. Diese vier und die Drei-Männer-Gruppe wählten einen fünften Wahlmann usw., bis 13 Wahlmänner zusammen waren. Diese 13 Ritter zusammen mit der Drei-Männer-Gruppe bildeten eine Gruppe von 16 Wahlmännern, unter denen immer zwei Wahlmänner je Zunge sein mußten. Von diesen 16 Wahlmännern wurde schließlich der Großmeister gewählt. Fra Ferdinand Ernst von Stadl war bei den verschiedenen Wahlen in unterschiedlichen Wahlgruppen tätig. Bei einer Wahl hat Ritter Stadl seine Stimme für die Englische Zunge abgegeben, die praktisch nicht mehr bestand, deren Stimmrecht aber bei wichtigen Entscheidungen von Rittern anderer Zungen wahrgenommen wurde. Unter den Großmeistern Manoel de Vilhena und Emanuel Pinto gehörte Fra Stadl als Rittmeister bzw. Speisemeister zum großmeisterlichen Haushalt. Außerdem war Stadl auf Malta in folgenden Ämtern tätig: 1710 Adelsbewahrer, 1712 und 1726 Richter sowie 1727 und 1731 Rat der Deutschen Zunge; 1737 wurde er zum Großkreuz ehrenhalber ernannt. 1742 war er Protektor des St.-Ursula-Klosters, des in Valletta noch heute bestehenden Schwesternkonvents, der vor 400 Jahren vom Orden gegründet worden war.

(U. a. nach Auskünften des Steiermärkischen Landesarchivs in Graz.)

 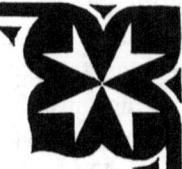

DEM FRATER FERDINAND FREIHERRN VON STADL,
RITTER UND BAILLI DES EHRWÜRDIGEN PRIORATS
VON BÖHMEN, AUSGEZEICHNET DURCH DEN GLANZ EINES
ALTEHRWÜRDIGEN GESCHLECHTS EINEM SPRACHGENIE
UND DURCH ERFAHRUNG UND BILDUNG ÜBERAUS
VORTREFFLICHEN FÖRDERER DER WISSENSCHAFTEN,
DEM BEI DEN GRÖSSEN DER AKADEMIE GEFEIERTEN.
IN VIELFACHEN ÄMTERN AN KLUGHEIT, RECHTSCHAFFENHEIT
UND ANDEREN VORZÜGEN DES GEISTES HERVORRAGEND
BEWÄHRT, ERBRACHTE ER VIELE ERWEISE
SEINER TÜCHTIGKEIT: ALS KAPITÄN EINER GALEERE,
FINANZKURATOR, VORGESETZTER DES KRIEGSAMTES FÜR DIE
GALEEREN, BUCHPRÜFER DES ÖFFENTLICHEN SCHATZAMTES.
BEI DER WAHL DES GROSSMEISTERS IM JAHR 1720 WAR ER
UNTER DEN 16 WAHLMÄNNERN UND UNTER DEN
24 WAHLMÄNNERN, UM FÜR DIE ENGLISCHE ZUNGE
DIE STIMME ABZUGEBEN, UND BEI EINER WEITEREN WAHL
NACH ZWEI JAHREN WIEDERUM UNTER DEN 24 WAHLMÄN-
NERN UND WIEDER 1736 UND 1741 FÜR DIE DEUTSCHE ZUNGE.
ER WAR RITTMEISTER DES GROSSMEISTERS MANOEL,
SPEISEMEISTER DES GLÜCKLICH REGIERENDEN EMMANUEL,
GENERALKOMMANDANT DER FELDTRUPPE UND GESANDTER
AUF DIESER INSEL SOWOHL FÜR KAISER KARL VI.
ALS AUCH FÜR KÖNIGIN MARIA THERESIA VON UNGARN
UND BÖHMEN. ZUGUTERLETZT STARB ER ZU SEINEM
UND SEINES ORDENS MISSGESCHICK.
FRATER PHILIPP WILHELM, DES HEILIGEN RÖMISCHEN
REICHES GRAF VON NESSELRODE UND IN REICHENSTEIN,
GROSSPRIOR VON DEUTSCHLAND,
FÜRST DES HEILIGEN RÖMISCHEN REICHES IN HEITERSHEIM,
SETZTE DAS MONUMENT DEM BEFREUNDETEN BAILLI.
ER STARB IM JAHR 1743 DES WIEDERHERGESTELLTEN
HEILS AM 29. DEZEMBER, 61 JAHRE ALT.

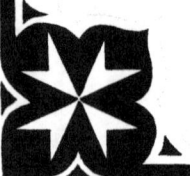 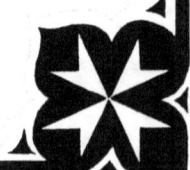

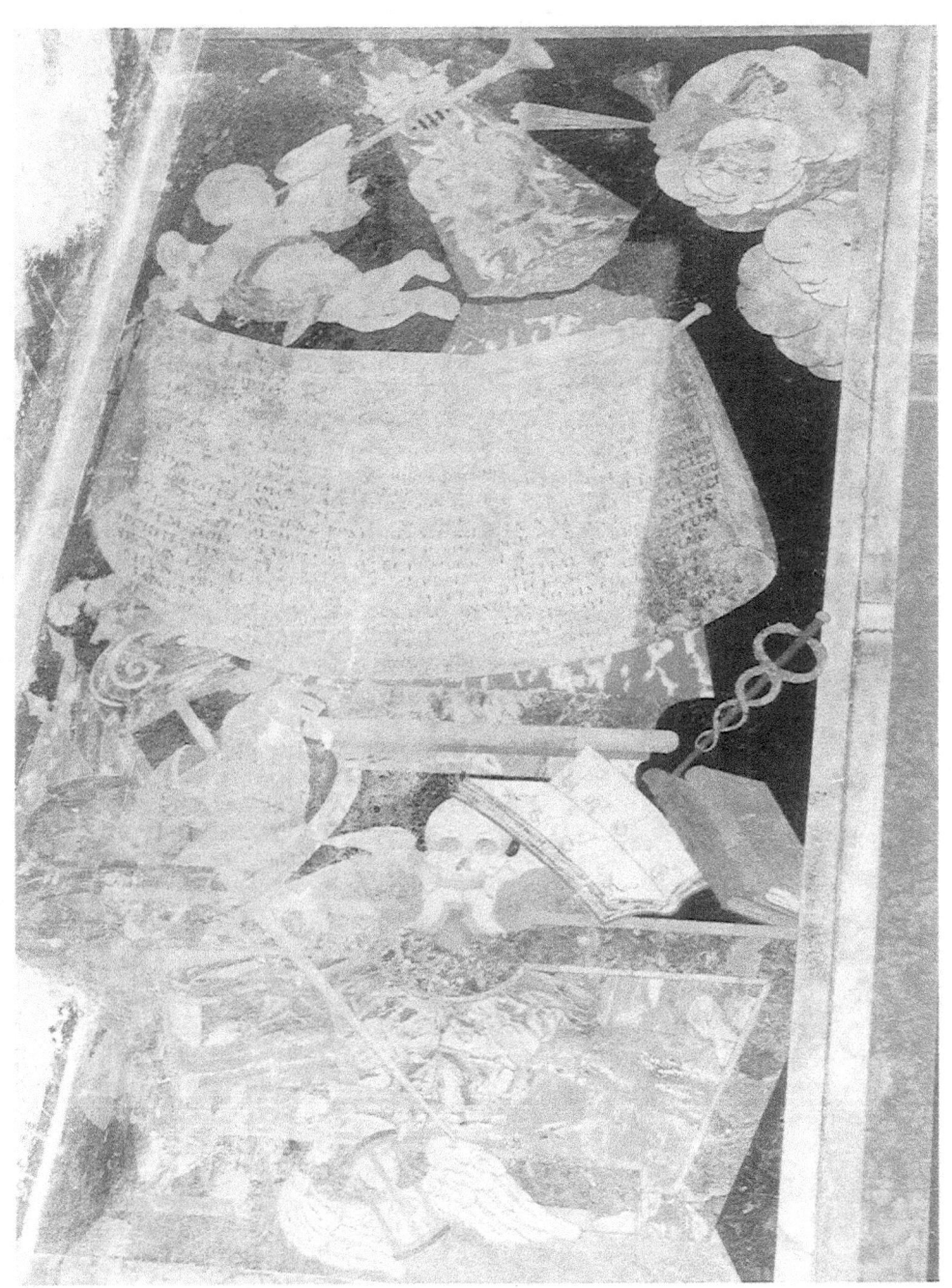

Grab 10: Ferdinand Ernst Freiherr von Stadl

FR. FERDINANDO. LIBERO. BARONI. DE. STADL.
VEN. PRIORATUS. BOEMIAE EQUITI. AC. BAJULIVO.
AMPLISSIMO. PERANTQUI GENERIS. SPLENDORE
FLORENTI. INGENIO. LINGUARUM. PERITIA. ERUDITIONE.
SPECTATISSIMO LITERARUM. MECAENATI. INTER. ACADEMICOS.
HEREOS. ACCLAMATO QUI. MULTIS. MUNERIBUS.
PRAECLARE. GESTIS. PRUDENTIA. AEQUITATIS
CAETERARUMQVE.
PRAESTANTIS. ANIMI. VIRTUTUM. ARGUMENTA.
PRAEBUIT QUUM. EGERIT. UNIUS. EX. TRIREMIBUS.
PROPRAETOREM. EARUNDEM REI. OECONOMICAE. CURATOREM.
PRAETORIAE. TRIREMIS. PRAEFECTUM RATIONUM. COMMUNIS.
AERARII. INSPECTOREM. XVI VIRUM. ELIGENDO M. MAGISTRO.
ANNO. MDCCXX XXIV VIRUM. PRO. ANGLIA. SUFFRAGIIS
IN. ALTERA. ELECTIONE. POST. BIENNIUM. FACTA.
XXIV VIRUM. SECUNDO ET. ITERUM. PRO. ALEMANNIA.
IN. ELECTIONIBUS. MDCCXXXVI
ET MDCCXLI M. M. MANOEL.
STABULI. PRAEFECTUM. EM. M. M. FAUSTE. REGNANTIS
ARCHITRICLINUM. ET. GENERALEM. CAMPESTRIS. MILITIAE.
PRAEFECTUM NECNON. CAROLI. VI. CAESARIS. ET. MARIAE.
THERESIAE. REGINAE HUNGARIAE. ET. BOEMIAE. IN.
HUC. INSULA. MINISTRATOREM TANDEM. NON. MINORI.
SUO. QUAM. TOTIUS. ORDINIS. FATO. DECESSIT FR. PHILIPPUS.
WILHELMUS, S. R. I. COMES. DE. NESSELRODE.
ET. IN. REICHENSTEIN
MAGNUS. ALEMANNIAE. PRIOR.
1   ET. S. R. I. PRINCEPS. IN. HEITERSHEIM. AMICO. B. M. P.
OBIIT. ANNO. R. S. MDCCXLIII IV. KAL. JAN AETATIS. LXI.

---

1 AMICO B[AJULIVO] M[ONUMENTUM] P[OSUIT]

Fra Ferdinand Freiherr von Korff, gen. Schmising (11) ·

entstammte einem katholischen Uradelsgeschlecht in Westfalen, das mit dem Ritter Henricus Corf 1241 erstmalig erwähnt wird. Seit 1354 führt ein Teil des Geschlechts den Zunamen Schmising. Der Hinweis der Abstammung aus dem „Uradel der Engern" (PER ANTIQUA ANGARICA NOBILITATE) ist wohl für Westfalen gesetzt. Die Engern waren ein Teilstamm der Sachsen, die zwischen Weserbergland, Aller und Hunte siedelten. Ferdinand Freiherr von Korff, gen. Schmising, wurde als zwölftes und jüngstes Kind des Caspar Heinrich von Korff, gen. Schmising auf Tatenhausen (1616-1690), und seiner Ehefrau Anna Margareta von Neuhof (verh. 1645, gest. 1698) am 26.6.1666 geboren. Er studierte in Paris, hielt sich aber auch (wohl studienhalber) in Löwen auf. Er wurde 1686 Domherr zu Osnabrück. – Der auf der Grabplatte genannte „Herr Friedrich, Bailli von Brandenburg", war Friedrich Korff, gen. Schmising. Dieser wurde im Jahr 1625 als Sohn des Heinrich Korff, gen. Schmising zu Tatenhausen, und seiner Ehefrau Sibilla de Wendt aus dem Haus Holtfeld geboren. Er war auch Fürstlicher Münsterscher Geheimer und Regierungsrat. 1688 erhielt er von Papst Innocenz XI. die Erlaubnis, seinen Neffen Ferdinand in den Orden aufzunehmen und ihm jährlich 240 Reichstaler aus den Einkünften der Kommende Steinfurt zukommen zu lassen, bis der junge Ritter selber ein standesgemäßes Einkommen bezog. Er überlebte seinen früh verstorbenen Neffen und starb am 30.6.1696.

Vom Malteserritter Ferdinand von Korff ist bekannt, daß er am 19.9.1689 zum Kapitän der Galeere „San Paolo" bestellt wurde. Auf der Grabinschrift sind zwei Orte erwähnt: Epidaurus ist eine Stadt auf der griechischen Halbinsel Argolis am Saronischen Meerbusen, Malvasia war eine Stadt in Südgriechenland. An beiden Stellen versuchte die Ordensflotte, die Türken von See her zu bekämpfen. Der junge Ritter wurde dort jedoch von einer bösen Krankheit dahingerafft.

 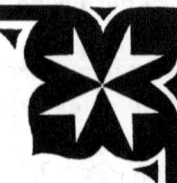

GOTT DEM ALLGÜTIGEN UND ERHABENEN

DEM RITTER BRUDER FERDINAND FREIHERRN VON KORFF
GENANNT SCHMISING
AUS DEM GESCHLECHT UND ANGESEHENEN URADEL DER
ENGERN,
DER ZU LANDE UND ZUR SEE TAPFER KÄMPFTE.
ALS TÜCHTIGER GALEERENKAPITÄN
WOLLTE ER SICH AM GEBIRGE VON EPIDAURUS UND
MALVASIA NOCH MEHR EINSETZEN.
UNTER DER MACHT TODBRINGENDER KRANKHEIT
DEN SCHIFFBRUCH DES KÖRPERS ERDULDEND
GAB ER SEINE IM GLAUBEN LEBENDE SEELE
GOTT ZURÜCK AM 28. JUNI 1690.
DER HOCHEDLE HERR FRIEDRICH, BAILLI VON BRANDENBURG,
HAT ALS GROSSONKEL EINES SO GROSSEN NEFFEN
SEINEM RUHM DIES MONUMENT
UND SEINER SEELE UNTER TRÄNEN GEBETE GEWIDMET
IM JAHR 1693.

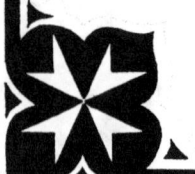 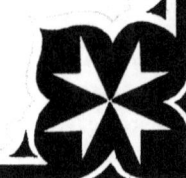

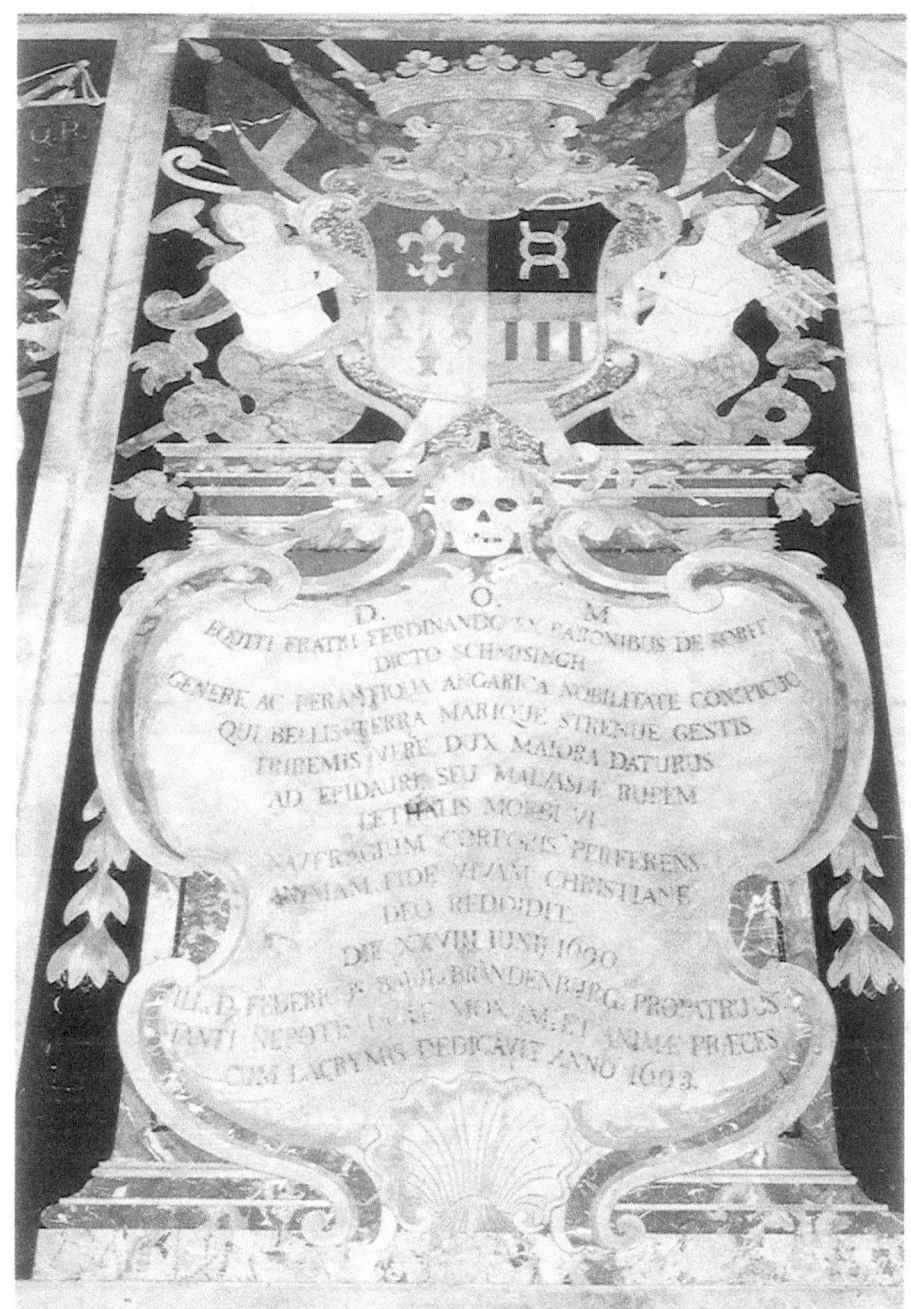

Grab 11: Ferdinand von Korff, gen. Schmising

D. O. M.

EQUITI FRATRI FERDINANDO EX BARONIBUS DE KORFF
DICTO SCHMISINGH
GENERE AC PERANTIQUA ANGARICA NOBILITATE CONSPICUO
QUI BELLIS TERRA MARIQUE STRENUE GESTIS
TRIREMIS VERE DUX MAIORA DATURUS
AD EPIDAURI SEU MALVASIA RUPEM
LETHALIS MORBI VI
NAVFRAGIUM CORPORIS PERFERENS
ANIMAM FIDE VIVAM CHRISTIANE
DEO REDDIDIT
DIE XXVIII IUNIJ 1690
1 ILL:^{MUS} D:^{US} FEDERICUS BAJUL: BRANDENBURG:
PROPATRUUS
TANTI NEPOTIS FAMÆ MONUM: ET ANIMÆ PRÆCES
CUM LACRYMIS DEDICAVIT ANNO 1693

1 ILL[USTRISSI]MUS D[OMIN]US

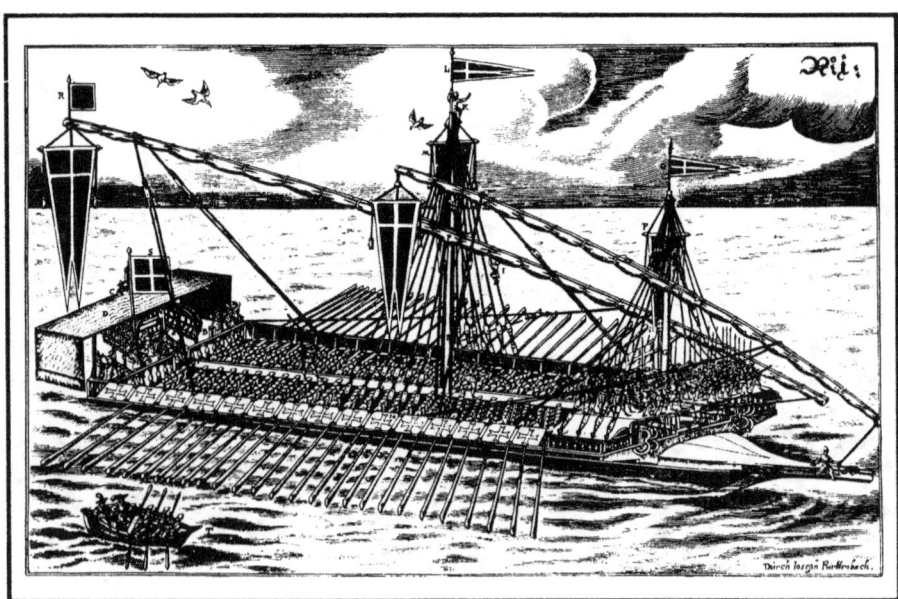

Malteser Galeere nach einem Stich von Furttenbach (1629) im Marinemuseum von Paris

Fra Franz Xaver Graf Haissenstein (12)

stammte aus einem katholischen, rheinischen Uradelsgeschlecht, das im 12. Jahrhundert beginnt. Die Schreibart dieses Geschlechts ist sehr mannigfaltig. Es erscheint als Husenstamm, Husinstamm, Heusenstamm, Heusenstein oder Heussenstamm zu Heissenstein. Das Stammschloß war im hessischen Gebiet der Grafschaft Katzenelenbogen gelegen. Nach Niederösterreich kam das Geschlecht 1571. Es wurde 1665 in den Reichsgrafenstand erhoben.

Während der Belagerung von Buda war Fra Haissenstein Galeerenkapitän; 1675 war er Kapitän der „Santa Maria", und am 6.10.1685 wurde er wieder zum Kapitän ernannt. 1688 ist der Ritter auf Euböa (Negroponte), einer Insel vor der griechischen Ostküste, als Kommandant des maltesischen Bataillons im Kampf gefallen. Das gleiche Schicksal erlitten die deutschen Malteserritter Rudolf von Valik und Leopold von Bamschissel.

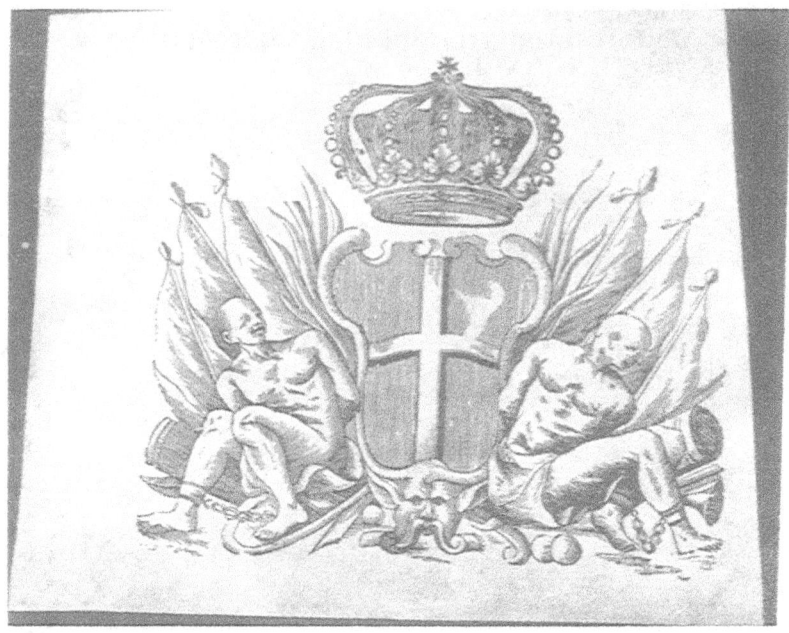

Ordenswappen, geschmückt mit großmeisterlicher Krone, Bannern, Kanonen und zwei gefangenen Türken

 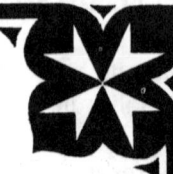

GOTT DEM ALLGÜTIGEN UND ERHABENEN

[GRABMAL] DES RITTERS FRANZ XAVER GRAF VON HAISSENSTEIN
DER BEI DER BELAGERUNG VON BUDA
UND BEI MEHREREN KRIEGSZÜGEN GEGEN DIE TÜRKEN
ALS KAPITÄN EINER JERUSALEMISCHEN GALEERE
UM DIE VERTEIDIGUNG DES GLAUBENS ALLZEIT HÖCHST VERDIENT
ZULETZT DER UNGUNST DES SCHICKSALS AUF DER
INSEL EUBÖA ERLAG.
DAMIT NICHT MIT SEINER HEHREN ASCHE
AUCH SEIN RUHM IN DIESEM HÜGEL BEGRABEN LIEGE,
LIESS DAS PRÄSIDIUM DES ÖFFENTLICHEN SCHATZAMTES
SEINEN NAMEN IN DIESEN MARMOR HAUEN
ALS DENKMAL DER TRAUER UND ZUNEIGUNG.
SEIT DER GEBURT [CHRISTI] DURCH DIE JUNGFRAU
IM JAHR 1688.

 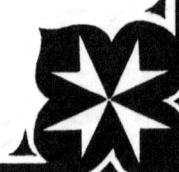

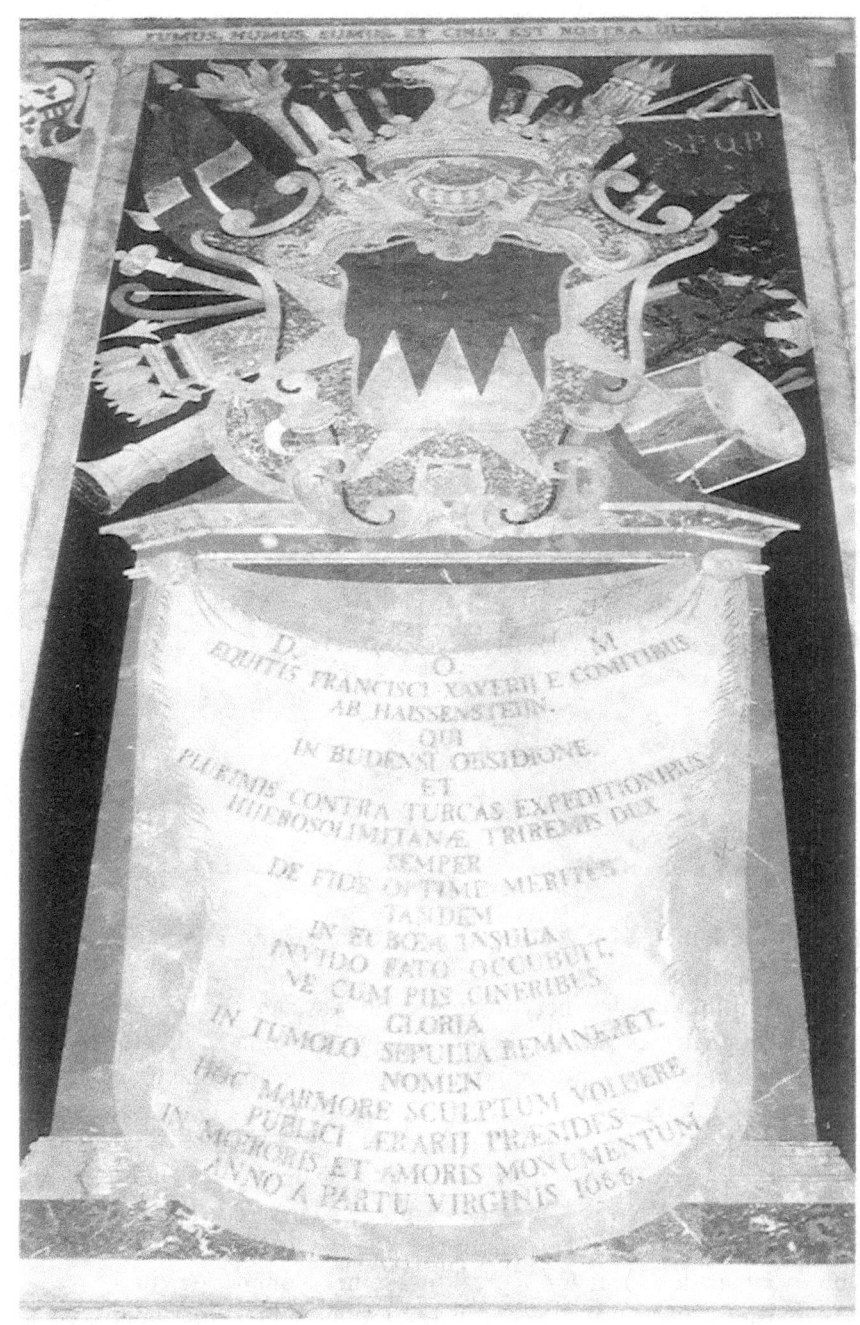

Grab 12: Franz Xaver Graf Haissenstein

D. O. M.

EQUITIS FRANCISCI XAVERIJ E COMITIBUS
AB HAISSENSTEIJN.
QUI
IN BUDENSI OBSIDIONE
ET
PLURIMIS CONTRA TURCAS EXPEDITIONIBUS
HIJEROSOLIMITANAE TRIREMIS DUX
SEMPER
DE FIDE OPTIME MERITUS
TANDEM
IN EUBŒA INSULA
INVIDO FATO OCCUBUIT.
NE CUM PIJS CINERIBUS
GLORIA
IN TUMOLO SEPULTA REMANERET.
NOMEN
HOC MARMORE SCULPTUM VOLUERE
PUBLICI ÆRARIJ PRÆSIDES
IN MŒRORIS ET AMORIS MONUMENTUM
ANNO A PARTU VIRGINIS 1688.

Fra Heinrich Ludger Graf von Galen (13)

wurde am 26. Januar 1675 geboren. Er entstammt einem alten, bodenständigen westfälischen Adelsgeschlecht, aus dem bekannte Kirchenmänner für das Bistum Münster hervorgingen. Er war der Sohn von Johann Heinrich von Galen zu Assen und Bisping und der Anna-Elisabeth von der Recke vom Haus zu Steinfurt. Darauf weisen die Wappen an den oberen Ecken der Grabplatte hin. Unten sind die Wappen der Großmütter Catharina von Hoerde zu Störmede (links) und der Mechtild von Galen zu Ermelinghoff (rechts) dargestellt. Der Ritter wurde als Minderjähriger bereits im Alter von etwas über sieben Jahren in den Orden aufgenommen. Dafür war eine besondere Dispens notwendig. Er lebte die meiste Zeit auf Malta, wenn er sich nicht zur Verwaltung seiner Kommenden in Deutschland, meistens in Mainz, oder zur Linderung seines Blasenleidens in Frankreich aufhielt. Er war Komtur der Kommenden Trier (1695-1715),

Adenau und Breisach (1704-1711), Mainz (1714), Frankfurt und Niederweisel (1715-1718). 1708 war er Kapitän der Galeere „S. Pietro", die später „S. Raimondo" genannt wurde. Auf Malta verwaltete er eine Reihe von Ämtern für die Deutsche Zunge. Er war besonders in militärischen Diensten der Ordensverwaltung für die Schiffe und Galeeren tätig. Aus der Korrespondenz, die er mit seiner Familie führte, geht hervor, daß er über die allgemein und besonders über die militärische Situation des Ordens auf Malta sehr gut unterrichtet war. Die Briefe beziehen sich auch auf die damals wieder ernsthafte Bedrohung durch die Türken, die im Dezember 1714 Venedig den Krieg erklärt hatten, aber wohl auch Malta meinten. Fra Heinrich Ludger führte ein aktives Leben im Konvent auf Malta, das jedoch am 11. Juli 1717 unter tragischen Umständen ein jähes Ende nahm. Die Inschrift auf der Grabplatte berichtet davon:

Heinrich Ludger war am späten Abend mit Großbailli von Königseck und Ritter de Balbatane in einer Kutsche auf dem Rückweg nach Valletta, nachdem sie außerhalb die Kirche „Unsere liebe Frau vom Berge Karmel" besucht hatten. Aus irgendeinem Grund scheute der Maulesel und raste davon. Der Kutscher fiel vom Bock. Die Ritter sprangen von der Kutsche. Großbailli von Königseck verletzte sich dabei an der Schulter, Ritter de Balbatane verlor drei Zähne und Ritter Heinrich Ludger von Galen schlug so unglücklich mit dem Kopf auf, daß er sofort starb. Er wurde am 12. Juli 1717 in der Drei-Königen-Kapelle der Deutschen Zunge der St.-Johannes-Konventskirche in Valletta begraben, wo ihm sein Bruder Christoph Heinrich von Galen die Grabplatte legen ließ. Don Dominico Morales schrieb an Komtur von Schönau über Ritter Heinrich Ludger von Galen: „Der verstorbene von Galen war ein Mann von Kultur, gut gebaut, beliebt bei allen, voll Güte und Würde. Dann in einem kurzen Augenblick verlor er alles. Er war sehr wohltätig . . . Er führte ein beispielhaftes Leben in ständiger Gottesfurcht."

(Nach Angaben von Michael Galea, Valletta, Malta.)

GOTT DEM ALLGÜTIGEN UND ERHABENEN

DEM RITTER HEINRICH LUDGER,
KOMTUR VON MAINZ UND FRANKFURT
DES HEILIGEN RÖMISCHEN REICHES
FREIHERRN VON GALEN ZU ASSEN,
VON ELTERN AUS ÜBERAUS ALTEM DEUTSCHEN ADEL
ABSTAMMEND,
BRÜDERLICHERSEITS NEFFE DES
HOCHWÜRDIGSTEN HERRN BISCHOFS UND FÜRSTEN
CHRISTOPH BERNHARD VON MÜNSTER, DER
WÄHREND DER LANDKÄMPFE UND SEESCHLACHTEN 1704 KA-
PITÄN
EINER GALEERE UND ZWEIMAL IN DEN JAHREN 1709
UND 1711 STELL-
VERTRETENDER GROSSBAILLI
UND FÜR EINEN DER MILITÄRGENERÄLE
TÄTIG WAR,
ALS DIE TÜRKEN IM JAHR 1708 UNSERE INSEL MIT KRIEG
BEDROHTEN. ER HAT SCHLIESSLICH IN FAST ALLEN
ÄMTERN DES HEI-
LIGEN ORDENS VON JERUSALEM
DURCH SEINE IHM EIGENE TÜCHTIGKEIT UND
UNTER ALLGEMEINEM BEIFALL RÜHMLICH GEWIRKT;
SO GROSS WAR ER UND DOCH – UNTERWEGS ZU NOCH
GRÖSSEREN
AMTSGESCHÄFTEN UND VERDIENSTEN –
SPRANG ER VOM REISEWAGEN KOPFÜBER SO
UNGLÜCKLICH HERAB, DASS ER ZUR GROSSEN TRAUER
ALLER GERADEWEGS IN DIE GRUBE DES TODES STÜRZTE
AM 11. JULI 1717 IM ALTER VON 43 JAHREN.
DIESES GRABDENKMAL SETZTE IN TIEFER TRAUER
SEIN BRUDER, CHRISTOPH HEINRICH, DES HEILIGEN
RÖMISCHEN REICHES GRAF VON GALEN, HERR IN ASSEN,
SEINER HEILIGEN KAISERLICHEN UND KATHOLISCHEN
MAJESTÄT GEHEIMER RAT UND KAISERLICHER
HOFBEAMTER.

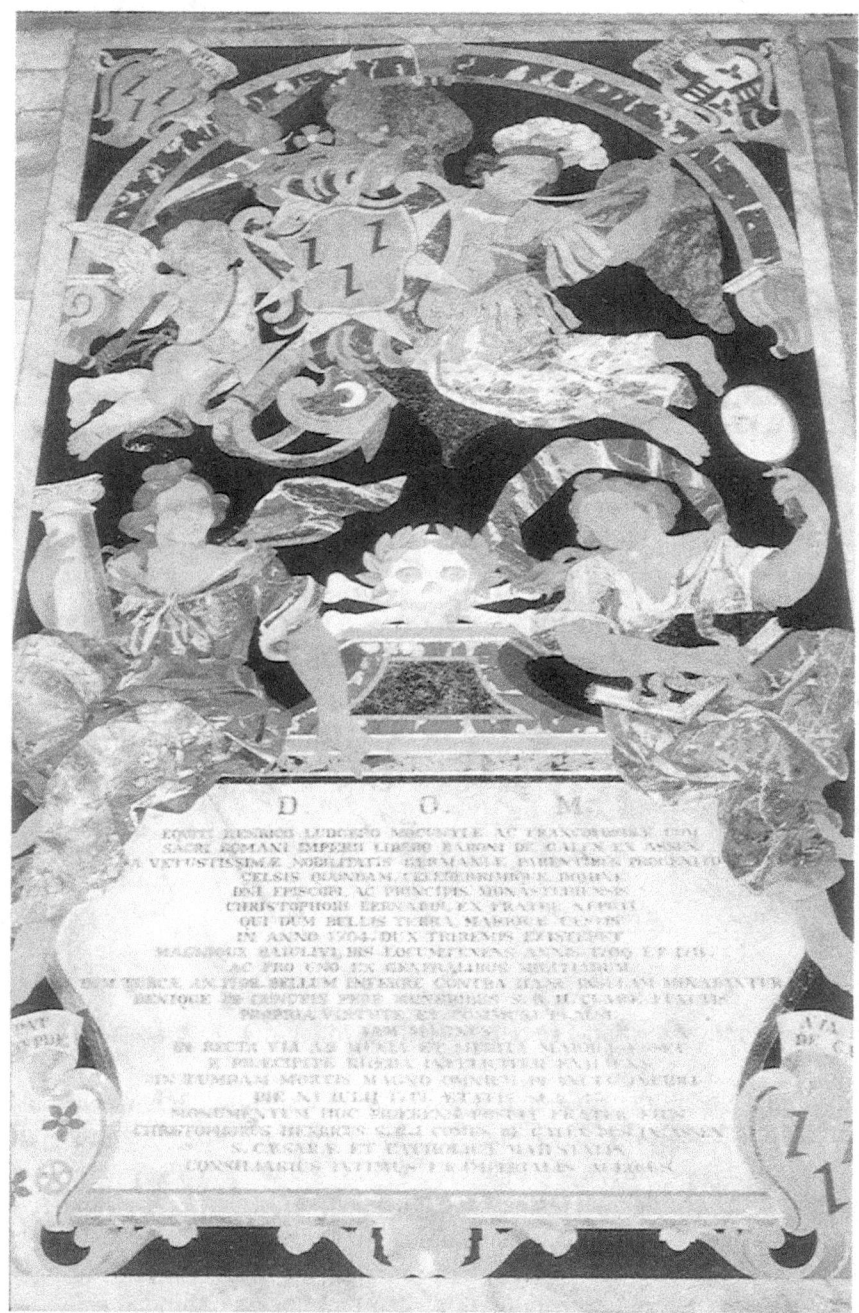

Grab 13: Heinrich Ludger Graf von Galen

D. O. M.

**EQUITI HENRICO LUDGERO MOGUNTIÆ AC FRANCOFORDIÆ COM
SACRI ROMANI IMPERII LIBERO BARONI DE GALEN EX ASSEN
A VETUSTISSIMÆ NOBILITATIS GERMANIÆ PARENTIBUS
PROGENITO CELSIS QUONDAM, CELEBERRIMIQUE DOMINI
DÑI EPISCOPI, A PRINCIPIS MONASTERIENSIS
CHRISTOPHORI BERNARDI, EX FRATRE NEPOTI
QUI DUM BELLIS TERRA, MARIQUE GESTIS
IN ANNO 1704. DUX TRIREMIS EXISTERET
MAGNIQUE BAIULIVI, BIS LOCUMTENENS ANNIS 1709 ET 1711
AC PRO UNO EX GENERALIBUS MILITARUM DUM TURCÆ
AN. 1708. BELLUM INFERRE CONTRA HANC INSULAM MINABANTUR
1   DENIQUE IN CUNCTIS FERE MUNERIBUS S.R.H. CLARE
FUNCTIS PROPRIA VIRTUTE ET COMMUNI CLAUSU
IAM MAGNUS
IN RECTA VIA AD MUNIA ET MERITA MAIORA ESSET
E PRÆCIPITE RHEDA INFELICITER EXILIENS
IN TUMBAM MORTIS MAGNO OMNIUM PLANCTO INCIDIT
DIE XI IULIJ 1717 ÆTATIS SUÆ 43
MONUMENTUM HOC MOERENS POSUIT FRATER EIUS
CHRISTOPHORUS HENRICUS S.R.I. COMES DE GALEN DUS IN ASSEN
S. CÆSARÆ ET CATHOLICÆ. MAIESTATIS
CONSILIARIUS INTIMUS ET IMPERIALIS AULICUS.**

1 S[ANCTAE] R[ELIGIONIS] H[IEROSOLYMITANAE]

Fra Christoph Sebastian Freiherr von Remchingen (14)

entstammt einem alten, Ende des 18. Jahrhunderts erloschenen schwäbischen Adelsgeschlecht, das seinen Stammsitz an der Pfinz, einem rechten Nebenfluß des Rheins in Nordbaden, hatte. Dort gab es eine Wasserburg und ein Dorf Remchingen, die im Laufe des 17. bzw. 18. Jahrhunderts untergingen. Das Adelsgeschlecht der Remchinger hatte großen Besitz, den es im Laufe der Zeit aber durch familiäre Zerwürfnisse und Mißgeschick verlor. Nach der „Stammtafel der Familie von Remchingen aus Schwaben", entnommen der „Geschlechts Beschreibung derer Familie von

Schilling, bearbeitet durch Carl Friedrich von Schilling von Cannstadt, 1807" beginnt das Remchinger Geschlecht mit Wolfhard von Remchingen 1165. Die Eltern des Malteserritters waren Franz Carl von Remchingen und Maria Franzisca von Westernach. Sein Großvater war Philipp Julius von Remchingen zu Apfeltrang, Weitenburg und Ottilienburg, 1614 verheiratet mit Maria Veronica von Berndorf. Das Generallandesarchiv Karlsruhe besitzt eine „Aufschwörung" des Malteserritters, eine farbige Wappentafel seiner Vorfahren über vier Generationen. Fra Christoph Sebastian Freiherr von Remchingen war Komtur der Kommenden Überlingen, Wesel und Borken. Im „Almanach auf das Jahr 1773" (Ordenskalender) wird der Malteserritter auch als Komtur der Kommende Kleinerdlingen bei Nördlingen genannt. Er wird außerdem als „Großprior von Ungarn" bezeichnet. Das war nach der Besetzung Ungarns durch die Türken im Orden ein Ehrentitel. Es sollte dadurch aber auch deutlich gemacht werden, daß auf die Rechte des Priorats nicht verzichtet wurde. Als deutscher Großprior und Fürst von Heitersheim hat er sich während seiner kurzen Regierungszeit nicht in Heitersheim aufgehalten. Sein Statthalter war dort Fra Josef Benedikt Graf von Rainach zu Fuchsmännigen, der 1777 als sein Nachfolger selbst Großprior und Fürst von Heitersheim wurde. Dem Almanach von 1773 ist zu entnehmen, daß es um diese Zeit auch einen Malteserritter Franz Maria Xaveri vom Remchingen, Freiherr auf Apfeltrangen gegeben hat. Er besaß zu dieser Zeit noch keine Kommende, weil er vermutlich seiner Karawanenpflicht noch nicht genügt hatte. In welchem verwandtschaftlichen Verhältnis die beiden Remchinger zueinander standen, konnte nicht ermittelt werden. Ein Wilhelm von Remchingen war von 1485-1513 Komtur der Kommende Villingen. Von Interesse ist, daß das erloschene Geschlecht und der Ort Remchingen durch die Gemeindereform in Baden-Württemberg am 1. 1. 1973 „Wiederauferstehung" erfuhren. Für die bis dahin selbständigen Gemeinden Wilferdingen, Singen und Nöttingen im heutigen Enzkreis war der gemeinsame Name Remchingen gewählt worden. Die Gemeinde hat auch die gekreuzten Lilien des Remchinger Wappens in ihr Wappen übernommen. Weitere Erinnerungen an das Geschlecht der Remchinger sind der Gasthof „Zum Remchinger Hof" und eine „Remchinger Straße" im Ortsteil Wilferdingen. – Die geheimnisvolle Inschrift der Grabplatte deutet darauf hin, daß Fra Christoph Sebastian Freiherr von Remchingen der letzte seines Stammes war.

 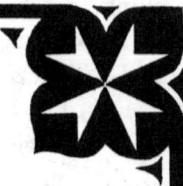

GOTT DEM ALLGÜTIGEN UND ERHABENEN

EIN ERLAUCHTER UND EINZIGER STEIN DES HAUSES STEHT NOCH,
DEM DU, UNGEWISSER TOD, DEN RUIN BEREITEN MÖCHTEST.
WENN AUCH VORHERGESEHENE PFEILE WENIGER GUT TREFFEN.
DER LETZTE STEIN LIEGT JEDOCH BEREIT DURCH DEN,
DER [DEN PFEILEN AUS] DEINEM KÖCHER ZUVORKOMMT.
FRATER FRANZISKUS SEBASTIAN FREIHERR VON REMCHING
GROSSPRIOR FÜR DEUTSCHLAND
DES HEILIGEN ORDENS DES HL. JOHANNES VON
JERUSALEM, FÜRST DES HEILIGEN RÖMISCHEN REICHES
GEBOREN AM 20. JANUAR 1689, GESTORBEN AM 18. AUGUST 1777.

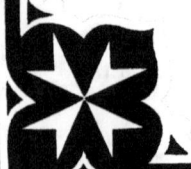 

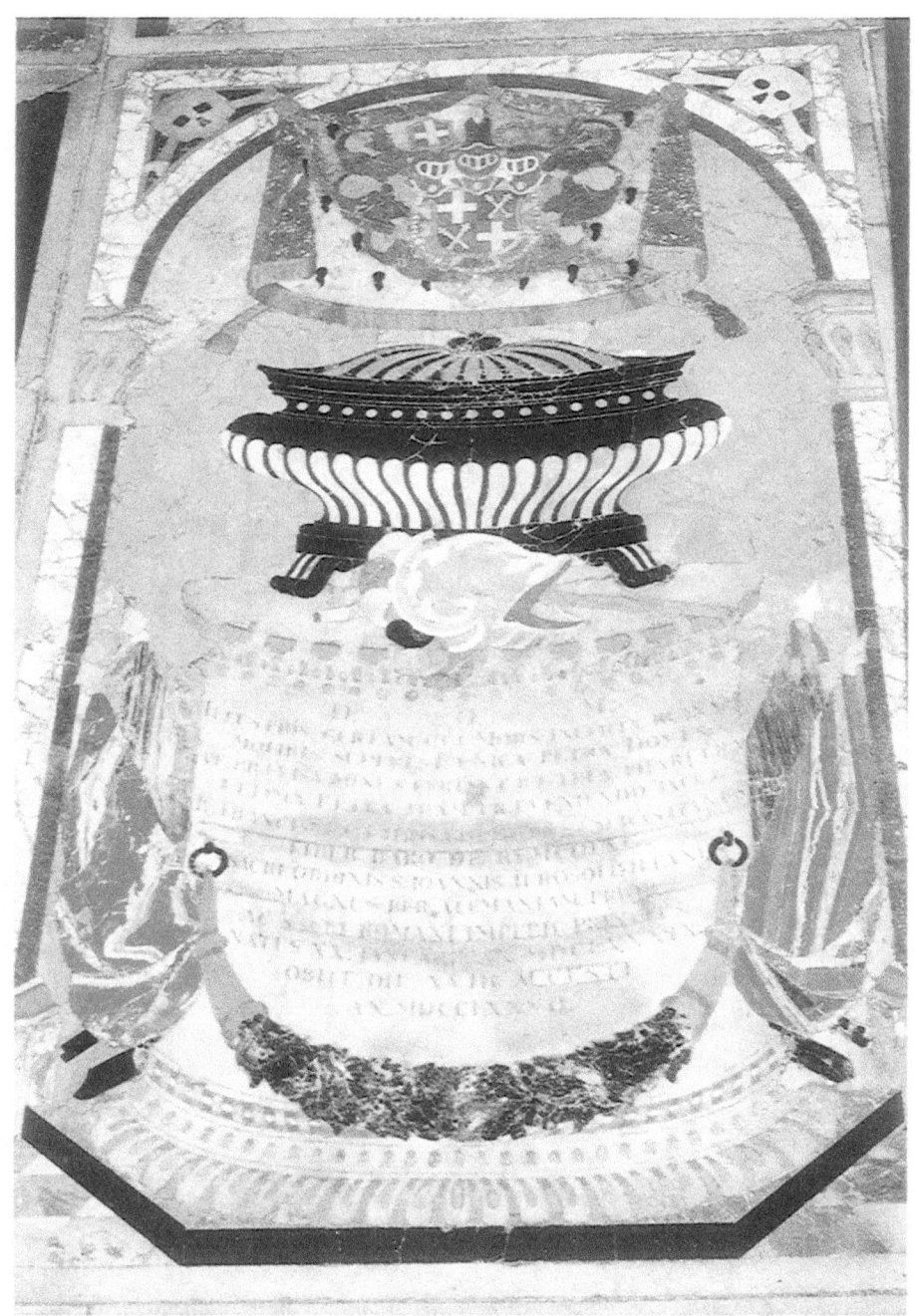

Grab 14: Christoph Sebastian Freiherr von Remchingen

D. O. M.

**ILLUSTRIS CERTAM CUI MORS INCERTA RUINAM
MOLIRIS SUPEREST UNICA PETRA DOMUS:
AT PRÆVISA MINUS FERIANT UT TELA PHARETRAM
ULTIMA PETRA TUAM PRÆVENIENDO JACET.
F. FRANCISCUS CHRISTOPHORUS SEBASTIANUS
LIBER BARO DE REMCHING.
SACRI ORDINIS S. JOANNIS IEROSOLIMITANI
MAGNUS PER ALEMANIAM PRIOR
AC SACRI ROMANI IMPERII PRINCEPS.
NATUS XX. JANUARII AN. MDCLXXXIX.
OBIIT DIE XVIII AUGUSTI
AN. MDCCLXXVII.**

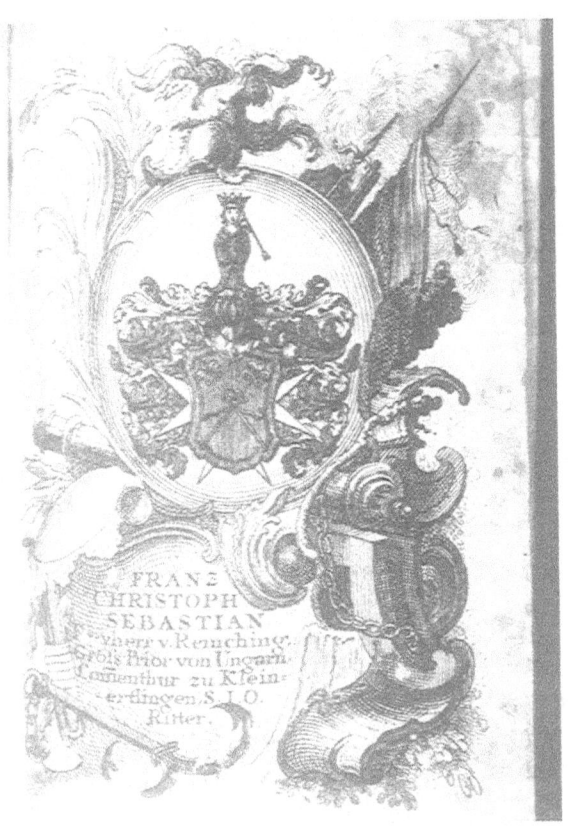

Wappenkartusche des Fra Christoph Sebastian Freiherrn von Remchingen im Ordenskalender von 1733

Fra Nikolaus Anton Freiherr von Enzberg (15)

wurde am 23. Juni 1682 auf Schloß Mülheim an der Donau geboren. Die Familie von Enzberg war ursprünglich Ortsadel im Ort Enzberg an der Enz bei Pforzheim und Mitglied der Württembergischen Ritterschaft. Sie lebte dort von 1100-ca. 1400 und war Schutzvogt des Klosters Maulbronn. Nach kriegerischen Auseinandersetzungen mit dem württembergischen Herzog mußte die Familie den Besitz Enzberg aufgeben und kaufte 1409 die ehemals zollersche Herrschaft Mühlheim und Bronnen an der Donau. Seit dieser Zeit bewohnt die Familie in ununterbrochener Erbfolge von Vater auf Sohn das Schloß in Mülheim und bewirtschaftet den Familienbesitz. Der Vater des Malteserritters war Nikolaus Friedrich von Enzberg (geb. 1650, gest. 1726). Er war kaiserlich-russischer Oberst eines Infanterieregiments in Warschau. Darauf weist auch die Inschrift auf der Grabplatte von Nikolaus Anton hin. Der Vater war auch schwäbischer Kreisfeldmarschallleutnant. Ein Bruder des Urgroßvaters, Wendelin III. von Enzberg, lebte 1597 als Johanniterriter auf Malta und starb am 14. 1. 1611 als Komtur von Villingen, wo er auch begraben ist. 1740 war Fra Nikolaus Anton Freiherr von Enzberg Vertreter des Großbailli. Er selbst wurde 1761 Großbailli. Im Familienarchiv wird über Ritter Nikolaus Anton u. a. berichtet, daß „er von 1714-1725 in Malta, von da bis zu seinem Tode abwechslungsweise in Mühlheim, auf seiner Kommende in Schwäbisch-Hall und in Malta" lebte. Er soll prunk- und prachtliebend, aber ein schlechter Wirtschafter gewesen sein, so daß er gezwungen werden mußte, auf seine Ansprüche an den Besitzungen von Mühlheim zu verzichten. In einem Bericht über die Kommende Affaltrach, die zur Kommende Schwäbisch-Hall gehörte, heißt es, daß der Komtur Enzberg das Kommendehaus „gründlich erneuern und mit einem neuen Anbau und Flügel versehen" ließ. Der Komtur hatte „zur Verehrung der Kirche und katholischen Gemeinde 1728 Dominikaner von Wimpfen berufen, 1735 Kapuziner der fränkischen Provinz, für welche ein Hospiz errichtet worden war, welches bis 1810 bestand". Für 1751 wird Fra Nikolaus Anton Freiherr von Enzberg auch als Komtur von Villingen genannt. Der jüngere Bruder des Malteserritters, Friedrich Freiherr von Enzberg, geb. 9. 3. 1685, war Domkapitular in Konstanz.

(U. a. nach Angaben von Heinrich Freiherr von Enzberg, Schloß Mühlheim, Donau.)

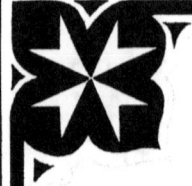 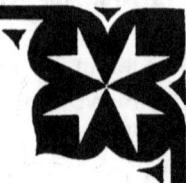

GOTT DEM ALLGÜTIGEN UND ERHABENEN

NIKOLAUS FREIHER VON ENZBERG
VOM VATER,
EINEM KAISERLICHEN OBERSSTEN IM HEER DER MOSKOWITER
VON JUGEND AN IN ZWEIMALIGEN WAFFENGÄNGEN GEGEN
DIE TÜRKEN
ERPROBT, FRÜHER REZEPTOR
IN OBERDEUTSCHLAND, GROSSBAILLI VON DEUTSCHLAND
UND KOMTUR VON VILLINGEN.
DA ER MIT KLAREM GEIST UND FREUNDLICHEM CHARAKTER
DEM RUHM SEINER AHNEN NACHEIFERTE
LIESS ER, DURCH EINEN VORZEITIGEN TOD DAHINGERAFFT,
ALLE
ZURÜCK, DIE IHM NACHTRAUERN.
ES WAR AM 12. FEBRUAR DES JAHRES 1752, ALS ER 67 JAHRE ALT
WAR.
JOHANN BAPTIST FREIHERR VON SCHAUENBURG, IN DER
GROSS-
BALLEI UND IN DER KOMMENDE DURCH GROSSMEISTERLICHE
GUNST SEIN NACHFOLGER, HAT IN TRAUER SEINEM FREUND
[DIESES DENKMAL] GESETZT.

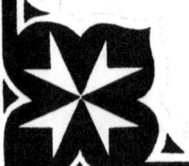 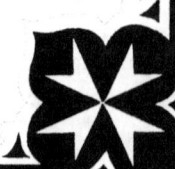

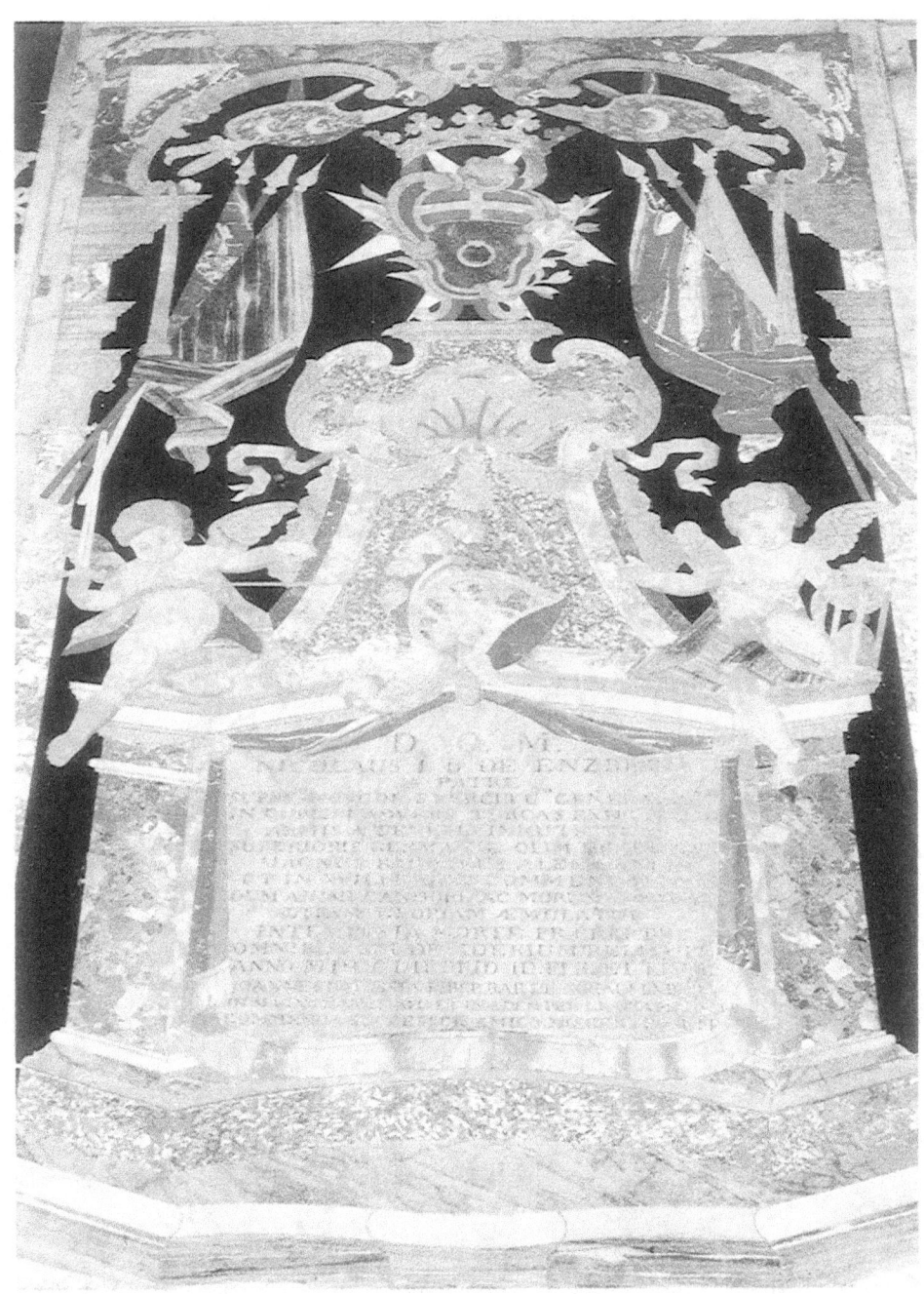

Grab 15: Nikolaus Anton Freiherr von Enzberg

D. O. M.

NICOLAUS L. B. DE ENZBERG
A PATRE
SUPRE.^MO MOSCOR EXERCITU GENERALISSI^MO
IN DUPLICI ADVERS TURCAS EXPEDITIONE
ARMIS A TENERIS INNUTRITUS
SUPERIORIS GERMANIÆ OLIM RECEPTOR
MAGNUS BAJULIVUS ALEMANNIÆ
ET IN WILLINGEN COMMENDATARII
DUM ANIMI CANDORE AC MORUM COMITATE
AVITAM GLORIAM ÆMULATUR
INTEMPESTA MORTE PRÆREPTUS
OMNIBUS SUI DESIDERIUM RELIQUIT
ANNO MDCCLII PRID. ID. FEB. ÆT. LXVII
JOANNES BAPTISTA LIBER BAR DE SCHAUVENBURG
IN MAGNO BAJULIVATU ET IN ÆDEM PER GRATIA MAGIST.
COMMENDA SUCCESSOR AMICO MŒRENS POSUIT.

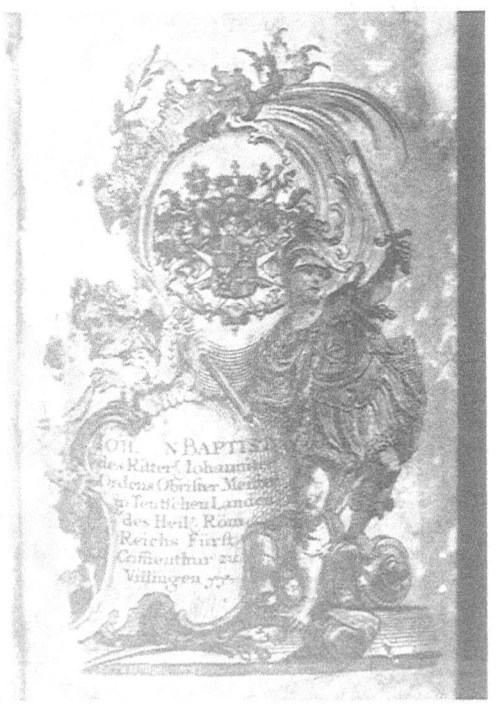

Wappenkartusche des Großpriors von Deutschland Fra Johann Baptist Freiherrn von Schauenburg im Ordenskalender von 1773

Fra Johann Baptist Freiherr von Schauenburg (16)

entstammt einem alten Adelsgeschlecht, dessen Name 1196 in der Stiftungsurkunde des im Schwarzwald gelegenen Prämonstratenser-Klosters „Allerheiligen" vorkommt. Es bestand in Baden und im Elsaß in verschiedenen Linien. Johann Baptist gehörte der Herlisheimer Linie an, die seit mindestens 1000 Jahren bis heute im Renchtal/Gaisbach ansässig ist. Dort steht auch die Ruine Schauenburg. − Johann Baptist von Schauenburg wurde am 9. 8. 1701 vermutlich in Herlisheim bei Colmar geboren und 1704 als Minderjähriger für den Orden bestimmt. Mit 22 Jahren diente er im Regiment Picardie. Ein Gemälde von ihm, das ihn als Komtur von Kronweissenburg, Bruchsal und Villingen ausweist, hängt im Museum in Valletta. Es stellt ihn in selbstbewußter Haltung als wohlbeleibten Großprior dar. Der „Allmanach auf das Jahr nach der gnadenreichen Geburt unseres Seligmachers Herrn Jesu Christ MDCCLXXIII" führt Johann Baptist von Schauenburg „als Obristen meistern in Teutschen Landen auf das 19te Jahr" an. Er war 1754 Großprior und Fürst von Heitersheim geworden. Auf Malta war er in einer Reihe von Ämtern tätig: 1726 Adelsbewahrer, 1724 und 1729 als „Friedensstifter" unter den Mitbrüdern, in den Jahren 1735, 1739 und 1741 Rat der Deutschen Zunge, 1726 Kommissar für das Gesundheitswesen, 1735 Richter der Deutschen Zunge, 1735 und 1740 Mitglied der Kommission für die Galeeren, 1752 und 1755 Prokurator des Öffentlichen Schatzamtes und 1772 Kommissar der Reiseinstitution sowie 1774 Beauftragter für die Befestigungsanlagen. Bevor er 1761 Komtur der Kommende Villingen wurde, war er ab 1753 Komtur von Kronweissenburg und Bruchsal gewesen. Ab 1772 hat er die Kommenden Münster und Steinfurt besessen. Die auf der Grabplatte genannten Orte Hambach, Bubigheim und Neuenburg waren mit dem Fürstentum Heitersheim verbundene Kameralgüter, deren Einnahmen zur Bestreitung der Kosten des Fürstentums beitrugen. Dabei sind Hambach als Heimbach und Bubigheim als Bubikon (Schweiz) zu lesen. Der Großprior von Deutschland und Fürst von Heitesheim war zugleich Komtur dieser Prioratskommenden.

(U. a. nach Angaben von Ulrich Freiherr von Schauenburg, Freiburg im Brsg.)

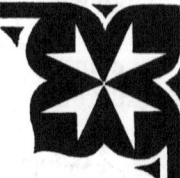

GOTT DEM ALLGÜTIGEN UND ERHABENEN

UND ZUM EWIGEN GEDENKEN
AN FRATER JOHANN BAPTIST VON SCHAUENBURG
FREIHERRN VON HERLISHEIM.
ER WURDE 1704 IN DEN ORDEN VON JERUSALEM AUFGE-
NOMMEN. NACHDEM ER IM MILITÄRDIENST ETLICHE STUFEN
ZURÜCKGELEGT HATTE, WURDE DER GROSSBAILLI
BALD DARAUF
GROSSPRIOR. ALS FÜRST DES HEILIGEN RÖMISCHEN REICHES
WAR ER HERR IN HEITERSHEIM, HAMBACH, BUBIGHEIM UND
NEUENBURG UND WURDE FÜR 18 JAHRE ALS „OBRISTER MEI-
STER IN TEUTSCHEN LANDEN" BESTIMMT. –
UNTER DEN VIER MÄNNERN FÜR DIE GALEEREN WURDE
ER ALS ERSTER
ZUM PRÄSIDENTEN DER GALEEREN[-KOMMISSION] BESTELLT.
ZUM KOMTUR VON VILLINGEN WAR ER VON GROSSMEISTER
PINTO BERUFEN WORDEN. ER GEHÖRTE ZU DEN VERMÖ-
GENSVERWALTERN. NACHDEM ER IN MEHREREN ÄMTERN
MIT LOBENSWERTEM ERGEBNIS TÄTIG WAR, GEDACHTE ER
IN HÖCHSTEN WÜRDEN UND IN VOLLER MANNESKRAFT DES
STERBENS. BEI LEBZEITEN HAT ER FÜR SICH DIESE STÄTTE
BEREITET IM JAHRE DES HEILS 1773 IM ALTER VON 72 JAHREN.
ER STARB AM 6. MÄRZ 1775.

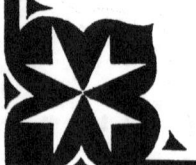

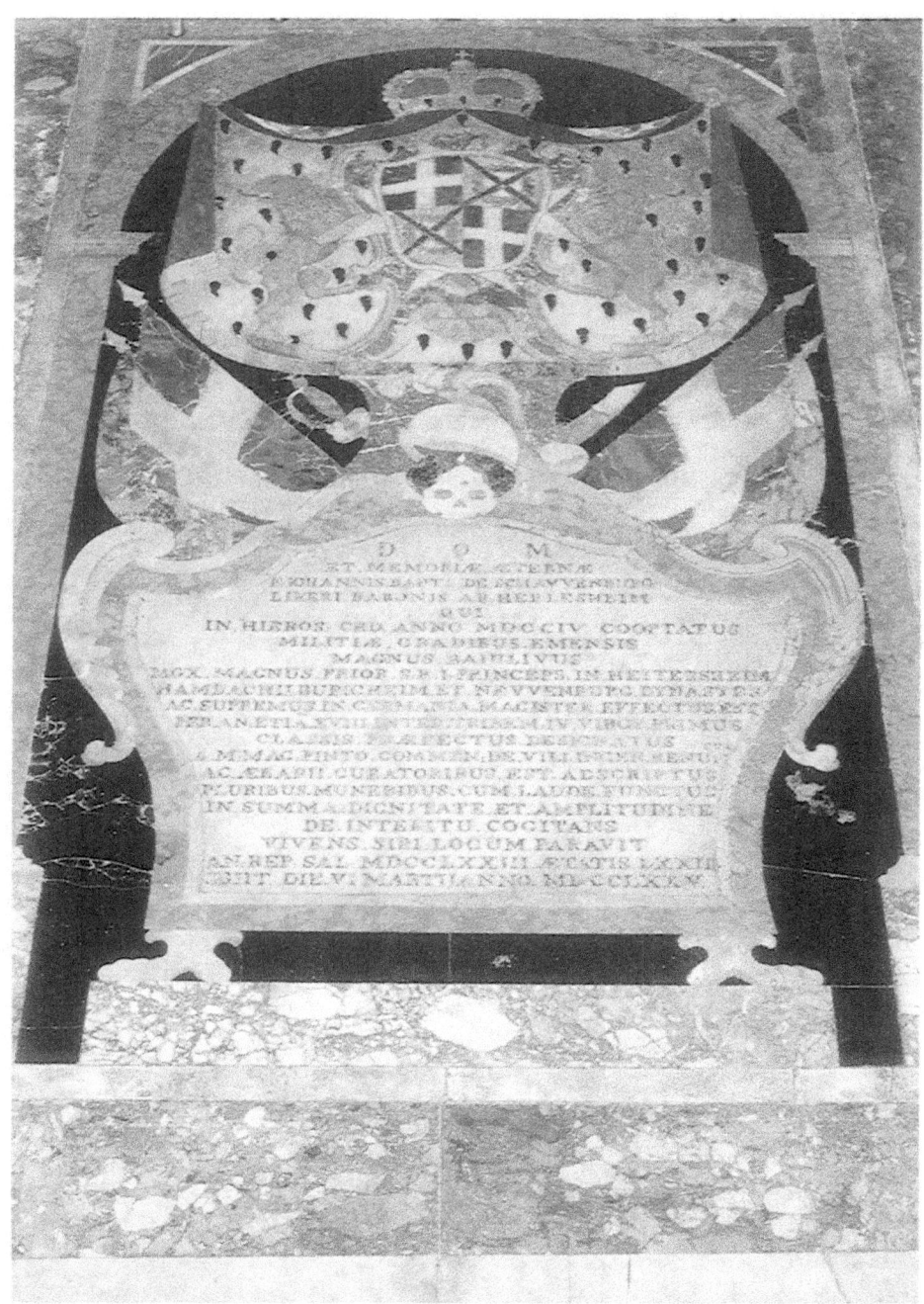

Grab 16: Johann Baptist Freiherr von Schauenburg

D. O. M.

ET MEMORIÆ ÆTERNÆ
F. JOHANNIS BAPT: DE SCHAVVENBURG
LIBERI BARONIS AB HERLESHEIM
QUI
IN HIEROS: ORD: ANNO MDCCIV COOPTATUS
MILITIÆ. GRADIBUS. EMENSIS
MAGNUS. BAJULIVUS
MOX. MAGNUS. PRIOR. S.R.I. PRINCEPS. IN. HEITERSHEIM
HAMBACHII. BUBIGHEIM. ET. NEVVENBURG. DYNASTES
AC. SUPREMUS. IN. GERMANIA. MAGISTER. EFFECTUS. EST
PER. AN: ETIA. XVIII. INTER. TRIREM: IV. VIROS. PRIMUS
CLASSIS. PRÆFECTUS. DESIGNATUS
1,2 A. M: MAG: PINTO. COMMEN: DE. VILLINGEN. RENUN[TUS]
AC. ÆRARII. CURATORIBUS. EST. ADSCRIPTUS
PLURIBUS. MUNERIBUS. CUM. LAUDE. FUNCTUS
IN. SUMMA. DIGNITATE. ET. AMPLITUDINE
DE. INTERITU. COGITANS
VIVENS. SIBI. LOCUM. PARAVIT
AN: REP: SAL: MDCCLXXIII ÆTATIS. LXXII.
OBIIT. DIE. VI MARTII ANNO. MDCCLXXV.

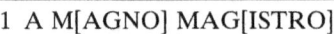

1 A M[AGNO] MAG[ISTRO]
2 RENUN[TIA]TUS

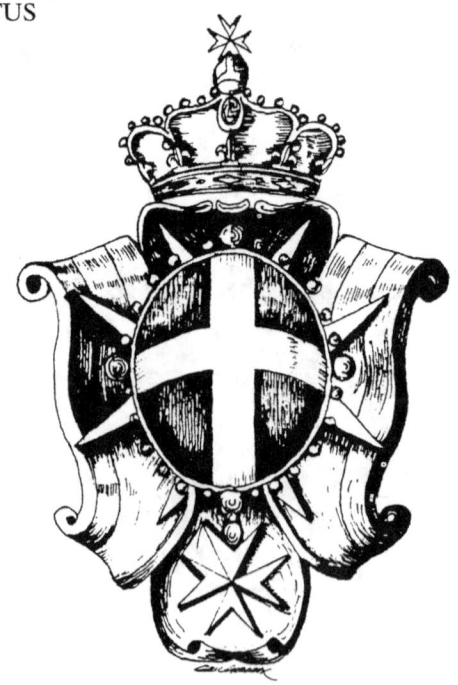

Fra Balthasar De Amico (17)

Dem Orden gehörten Ritter, Kapläne und Dienende Brüder an. Der Stand der Konventualkapläne war in Malta auch für eingeborene Maltesen zugänglich, die im allgemeinen selbst bei adeliger Abstammung kaum in den Orden aufgenommen wurden. Eine Reihe adeliger maltesischer Familien ließ deshalb ihre Söhne in den Stand der Konventualkapläne aufnehmen. Konventualkapläne bedurften keiner Adelsprobe, doch mußten sie eheliche Geburt nachweisen, seit 1631 auch die ihrer Eltern und Großeltern. Außerdem mußten sie den Nachweis erbringen, daß ihre Eltern keine Handwerker, Juden oder Mohamedaner waren oder davon abstammten. Da es keine maltesische Zunge gab, wurden maltesische Konventualkapläne in freie Kaplanstellen der acht Zungen eingewiesen. Solche gab es an den ordenseigenen Kirchen und Kapellen, auf den Galeeren, für die Gefangenen, Kranken und Novizen, aber auch in der Kanzlei und in anderen Verwaltungsstellen des Ordens. Deshalb wurde der Ausbildung der Konventualkapläne große Aufmerksamketi gewidmet. Sie besuchten die 1595 von den Jesuiten gegründete Lehranstalt in Valletta. Der Großmeister verlieh zusammen mit dem Prior der Kirche und den Prokuratoren des Schatzamtes 12 von ihnen ein Stipendium zum Studium außerhalb Maltas.

Die Inschrift auf der Grabplatte nennt all die Ämter und Aufgaben, in denen Fra Balthasar De Amico tätig war. Die Großmeister, für die er als Berater wirkte, waren 1660 Annet de Chattes-Gessan, 1660 Raffael Cotoner, 1663-1680 Nicolas Cotoner und 1680-1690 Gregor Caraffa. Fra Christian von Osterhausen berichtet, daß Fra Balthasar De Amico Komtur der Kommende „Pulst in Cärnten" war, die zum Großpriorat Böhmen gehörte, in das er aufgenommen worden war. De Amico entstammte einer maltesischen, adeligen Familie, die ursprünglich in Sizilien ansässig war. Von Großmeister Nicolas Cotoner war er 1668 unter den drei Bischofskandidaten genannt worden.

(U. a. nach Auskünften von Charles A. Gauci, Maltese, London.)

 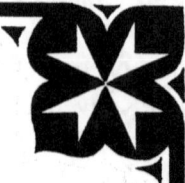

GOTT DEM ALLGÜTIGEN UND ERHABENEN

**DEM KOMTUR FRATER BALTHASAR DE AMICO
EINEM MALTESEN, DOKTOR BEIDER RECHTE,
DEM APOSTOLISCHEN PROTONOTAR, KAPLAN DER EHRWÜRDIGEN
DEUTSCHEN ZUNGE, ÜBER VIELE JAHRE VERWALTER VON GESCHÄFTEN DES ÖFFENTLICHEN SCHATZAMTES UND RECHTSBEISTAND DER GROSSMEISTER GESSAN, DER BEIDEN COTTONER SOWIE DES CARAFFA, EINMAL ZUM VERNEHMUNGSRICHTER BEIM BISCHÖFLICHEN AMT VON MALTA ERNANNT, VON UNTADELIGEM, GÜTIGEM UND TREUEM CHARAKTER, EINEM HERVORRAGENDEN KENNER DER WISSENSCHAFTEN UND DER GESETZE DES ORDENS, IN ALLEN SITUATIONEN IMMER SICH GLEICH, DER NACH DEM KUSS [DES KREUZES] DES HERRN EIN WAHRHAFT RELIGIÖS GEFÜHRTES LEBEN VOLLENDETE UND EIN ANSEHNLICHES VERMÖGEN HINTERLIESS, AM 2. MÄRZ 1689 IM ALTER VON 72 JAHREN.
HERR CLAUDIUS BALTHASAR DE AMICO INGUANEZ, SEIN GROSSNEFFE, HAT IN GRÖSSTER LIEBE DIESES DENKMAL GESETZT.**

 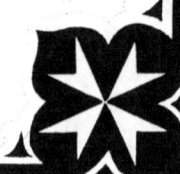

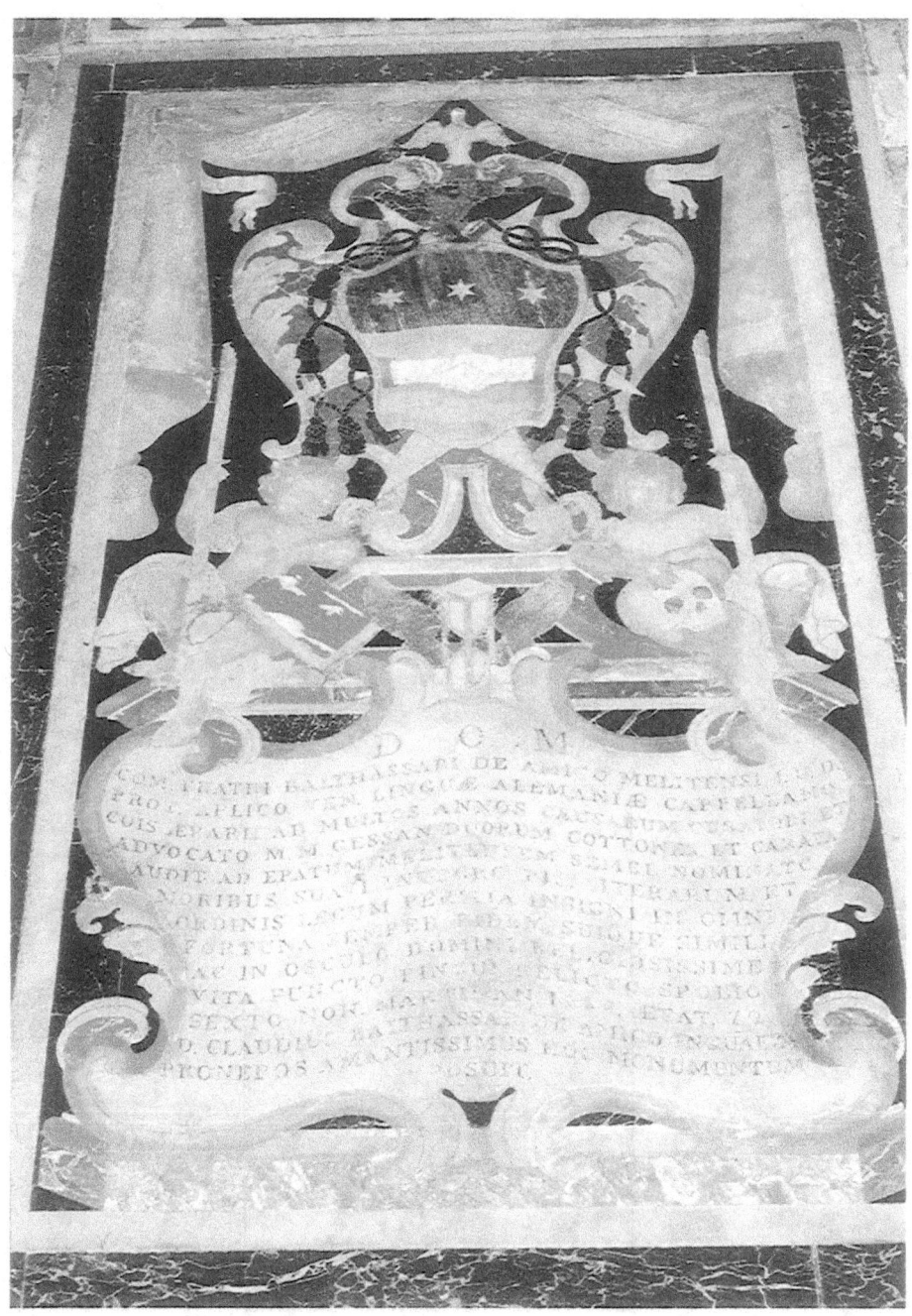

Grab 17: Balthasar De Amico

D. O. M.

1 COM. FRATRI BALTHASSARI DE AMICO MELITENSI J.U.D.
2 PROT. APLICO. VEN. LINGUÆ ALEMANIÆ CAPELLANO
3 COIS. ÆRARII AD MULTOS ANNOS CAUSARUM CURATORIET
4 ADVOCATO M. M. GESSAN DUORUM COTTONER ET CARAFA
5 AUDIT AD EPATUM MELITENSEM SEMEL NOMINATO
MORIBUS SUAVI INTEGRO PIO LITERARUM ET
ORDINIS LEGUM PERITIA INSIGNI IN OMNI
FORTUNA SEMPER FIDEM SUIQUE SIMILI
AC IN OSCULO DOMINI RELIGIOSISSIME
VITA FUNCTO PINGUI RELICTO SPOLIO
SEXTO NON. MARTII AN 1689 ÆTAT 72
D. CLAUDIUS BALTHASSAR DE AMICO AINGUAEZ
PRONEPOS AMANTISSIMUS HOC MONUMENTUM
POSUIT.

1 J[URIS] U[TRIUSQUE] D[OCTORI]
2 PROT[ONOTARIO] AP[OSTO]LICO
3 CO[MMUN]IS
4 M[AGNORUM] M[AGISTRORUM]
5 E[PISCO]PATUM

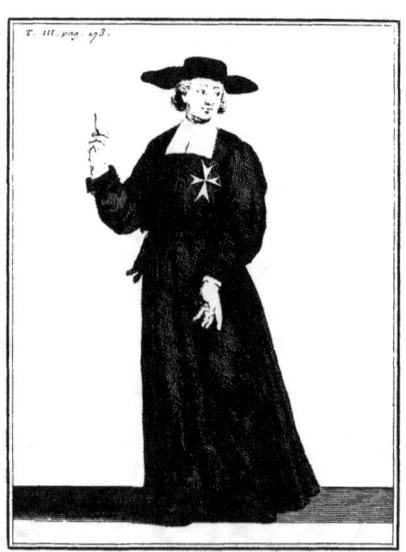

Kaplan des Malteserordens im Straßenkleid um 1700

Fra Michael Oliverio (18)

war auch Konventualkaplan maltesischer Nationalität, der der Deutschen Zunge zugeteilt worden war. Er war sehr gebildet und in wichtigen Ämtern tätig. Er war Komtur der Kommende Worms. In dem Buch „Malta Illustrata", 1780 herausgegeben von Giovannantonio Cianter nach dem maltesischen Gerichtsschreiber Giovanni Francesco Abela, wird dem gelehrten Konventualkaplan ein Nachruf gewidmet, in dem besonders die Sprachkenntnisse des Priesters erwähnt werden. Danach soll er Französisch, Spanisch, Italienisch, Latein, Griechisch, Deutsch, Türkisch, Arabisch und Äthiopisch gesprochen haben. Fra Michael Oliverio hat an den gesetzgebenden Versammlungen des Ordens, den Generalkapiteln von 1598, 1603 und 1612 teilgenommen Der Name wird auch Olivier(o) geschrieben.

Nach Auskunft von Charles A. Gauci, London, stammt die Oliviero-Familie ursprünglich aus Spanien. Sie kam im 15. Jahrhundert nach Sizilien. Es gab Herzöge gleichen Namens von Aquaviva (Sizilien). Die Familie existiert auf Malta nicht mehr. Die dort lebende Familie Borg Olivier ist französischer Herkunft.

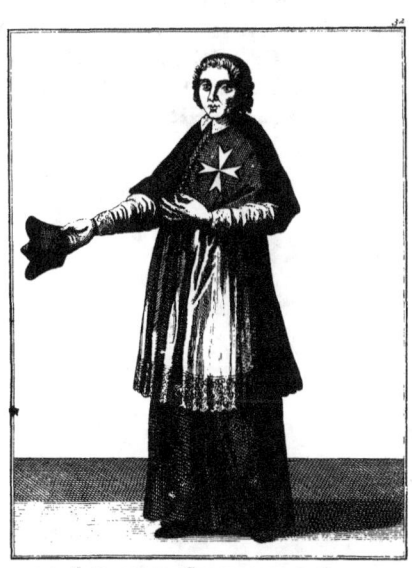

CAPLAN DES JOHANNITERORDENS
im Kirchenkleide zu Malta.

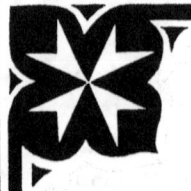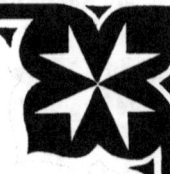

CHRISTUS ANFANG UND ENDE.

**DEM FRATER MICHAEL OLIVERIO, DOKTOR BEIDER RECHTE,
MALTESE VON GEBURT, VOM STAND DER KAPLÄNE
IN DER VEREHRUNGSWÜRDIGEN DEUTSCHEN ZUNGE DES
ORDENS VOM HL. JOHANNES VON JERUSALEM, ZUR
ZEIT SEINES TODES ZUNÄCHST WEGEN SEINES OR-
DENSALTERS, DANN AUCH SEINER WÜRDE WEGEN
KOMTUR DER KOMMENDE WORMS. DEM APOSTOLISCHEN
PROTONOTAR SOWIE KAISERLICH-KÖNIGLICHEN KAPLAN
UND VIZEPRIOR DIESER DOM- UND KONVENTKIRCHE
DES VORGENANNTEN ORDENS, DEM TRÄGER MEHRERER
ANDERER ÄMTER UND BOTSCHAFTSAUFGABEN BEIM
HEILIGEN STUHL UND BEIM KAISER IM AUFTRAGE
DES GROSSMEISTERS
HAT MARIETTA OLIVERIA
ALS GUT GESINNTE UND FROMME MUTTER,
DIE SICH UM DEN SO BEDEUTENDEN SOHN WOHLVERDIENT
GEMACHT
HAT, UNTER WOHLBEGRÜNDETEN TRÄNEN
[DIESES MONUMENT] ZUR EWIGEN ERINNERUNG GESETZT.
ER STARB IM JAHR 1613 AM 10. FEBRUAR.
IM 62. JAHR.**

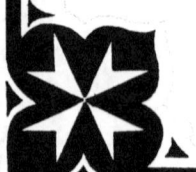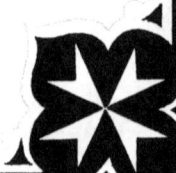

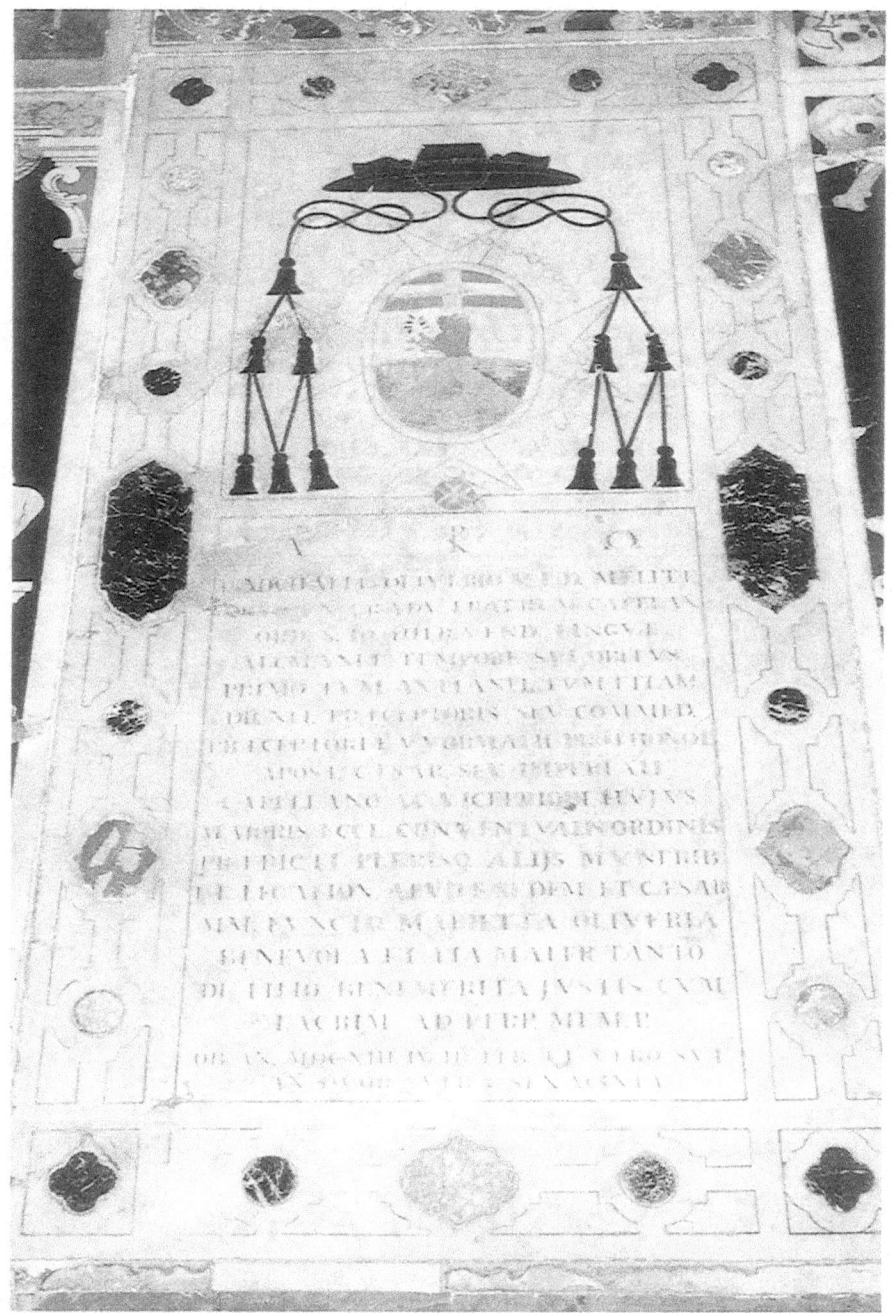

Grab 18: Michael Oliverio

A ☩ Ω

1. F. MICHAELI OLIVERIO V.I.D. MELITE
ORTO EX GRADV FRATRVM CAPELAN.
2. ORD. S. JO. HIER. VEND. LINGVÆ
ALEMANIÆ TEMPORE SVIOBITVS
3. PRIMO TVM ANTIANIT. TVM ETIAM
DIGNIT. PRÆCEPTORIS SEV COMMED.
PRÆCEPTORIÆ VVORMATII PROTONOT.
APOST. CÆSAR SEV IMPERIALI
CAPELLANO AC VICEPRIORI HVJVS
MAJORIS ECCL. CONVENTVALIS ORDINIS
PRÆDICTI PLERISQ. ALIJS MVNERIB.
ET LEGATION. APVD S. SEDEM ET CÆSAR.
MM. FVNCTO. MARIETTA OLIVERIA
BENEVOLA ET PIA MATER TANTO
DE FILIO BENEMERITA JVSTIS CVM
4. LACRIM. AD PERP. MEM. P.
OB. AN. MDCXIII. IV. ID. FEB. Æt. VERO SVÆ
AN. DVOR. SVPRA SEXAGINTA

---

1 V[TRIVSQVE] I[VRIS] D[OCTORI]
2 VEN[ERAN]D[AE]
3 ANTIANIT[ATE]
4 PERP[ETUAM] MEM[ORIAM] P[OSUIT]

Fra Innocenz Graf von Dietrichstein (19)

entstammte einem alten, im Namen erloschenen Adelsgeschlecht aus Kärnten, das um das Jahr 1000 erstmals erwähnt wird. Es war in Mähren, Niederösterreich und Böhmen begütert. Die Stammburg war Dietrichstein bei Feldkirchen in Kärnten. Das Geschlecht Dietrichstein ist in das von Mensdorff-Pouilly übergegangen. Innocenz wurde 1684 als Sohn des Maximilian Grafen von Dietrichstein und der Maria Juliana Gräfin von Schwarzenberg geboren. Seine Taufpaten waren Papst Innocenz XI. und Kaiserin Eleonore Magdalene von Pfalz-Neuburg, die dritte Gemahlin von Kaiser Leopold I. Bereits mit 11 Jahren, am 23. November 1695, wurde Innocenz in den Orden aufgenommen. Er trat aber zunächst in die kaiserliche Armee ein, in der er 1704 als Leutnant in die Gefangenschaft der Kuruzzen geriet. Wieder freigelassen ging er 1707 nach Malta, um hier seine Karawanendienste zu absolvieren und in verschiedenen Ordensämtern tätig zu sein. 1701 wurde er Komtur von Maidelberg und Reichenbach. Sein Bruder Andreas Jakob Graf von Dietrichstein, der 1697 in den Orden eintrat, war 1747-1751 Erzbischof von Salzburg und führte als erster den Titel Primas Germaniae. Aus dem Geschlecht Dietrichstein stammte auch Graf Gundacker Poppo, der 1726 Großprior von Böhmen wurde. Er begann den Bau des Palais des Großpriors in Prag und führte die Renovierung des hier befindlichen Priesterkonvents weiter. 1733 ließ er in Redomyscl die Johanniskirche und in Ober-Liebich die St.-Jakob-Pfarrkirche bauen.

Zur Grabinschrift ist anzumerken, daß „Steinmetzfehler" berichtigt werden mußten, um zu der wohl richtigen Schreibweise „E CARIN.(THIA)" statt „E ARINC" und der Übersetzung „aus Kärnten" zu kommen, statt „DE SACRO PONTE" muß es „DE SACRO FONTE" heißen, um zu der Übersetzung „Aus den heiligen Wassern" zu kommen.

(U. a. nach Angaben von Dr. Berthold Graf Waldstein-Wartenberg, Wien, Friedrich Graf Mensdorff-Pouilly, A-Fürstenfeld, und des Kärntner Landesarchivs.)

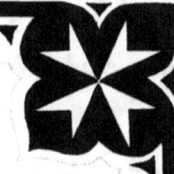

GOTT DEM ALLGÜTIGEN UND ERHABENEN

HIER LIEGT
INNOZENZ VON DIETRICHSTEIN AUS KÄRNTEN,
GRAF DES HEILIGEN RÖMISCHEN REICHES
VON PAPST INNOZENZ XI. UND DER KAISERIN ELEONORE
AUS DEM HEILIGEN WASSER DER TAUFE GEHOBEN,
KÄMPFTE ER FÜR CHRISTUS UND DEN KAISER
UND UNTER BEIDEN STAND ER IM KAMPF FÜR DEN KATHOLISCHEN GLAUBEN ALS KRIEG IN PANNONIEN AUSBRACH.
ER WURDE VON DEN UNGLÄUBIGEN GEFANGENGENOMMEN, ERTRUG ZWEI JAHRE LANG KERKERHAFT, OHNE DEN
TOD ZU FÜRCHTEN. WIEDER IN FREIHEIT WIDMETE ER DEM
ORDEN VON JERUSALEM, DEM ER ANGEHÖRTE, SEINE KRAFT,
JA NOCH MEHR: IM TOD HINTERLIESS ER SEINE EINKÜNFTE SOWOHL AUS SEINER PENSION WIE AUS SEINEN
KOMMENDEN. ER WÄRE NOCH VORGESEHEN GEWESEN
FÜR DAS AMT DES RECHNUNGSPRÜFERS.
ER SCHIED AUS DEM LEBEN IM JAHR 1727
AM 7. FEBRUAR. SO LEBTE INNOZENZ NACH DEM HERZEN
DES VOLKES, ER KONNTE WENIG WIRKEN FÜR DIE GROSSE
GESCHICHTE, ABER VIEL IN DEN WECHSELFÄLLEN DES LEBENS, AM MEISTEN JEDOCH ZUM EWIGEN RUHM SEINER
TATEN, IN DENEN ER EWIG LEBT.

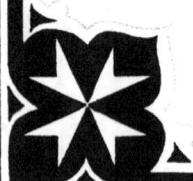
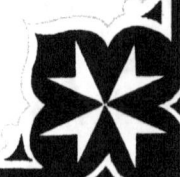

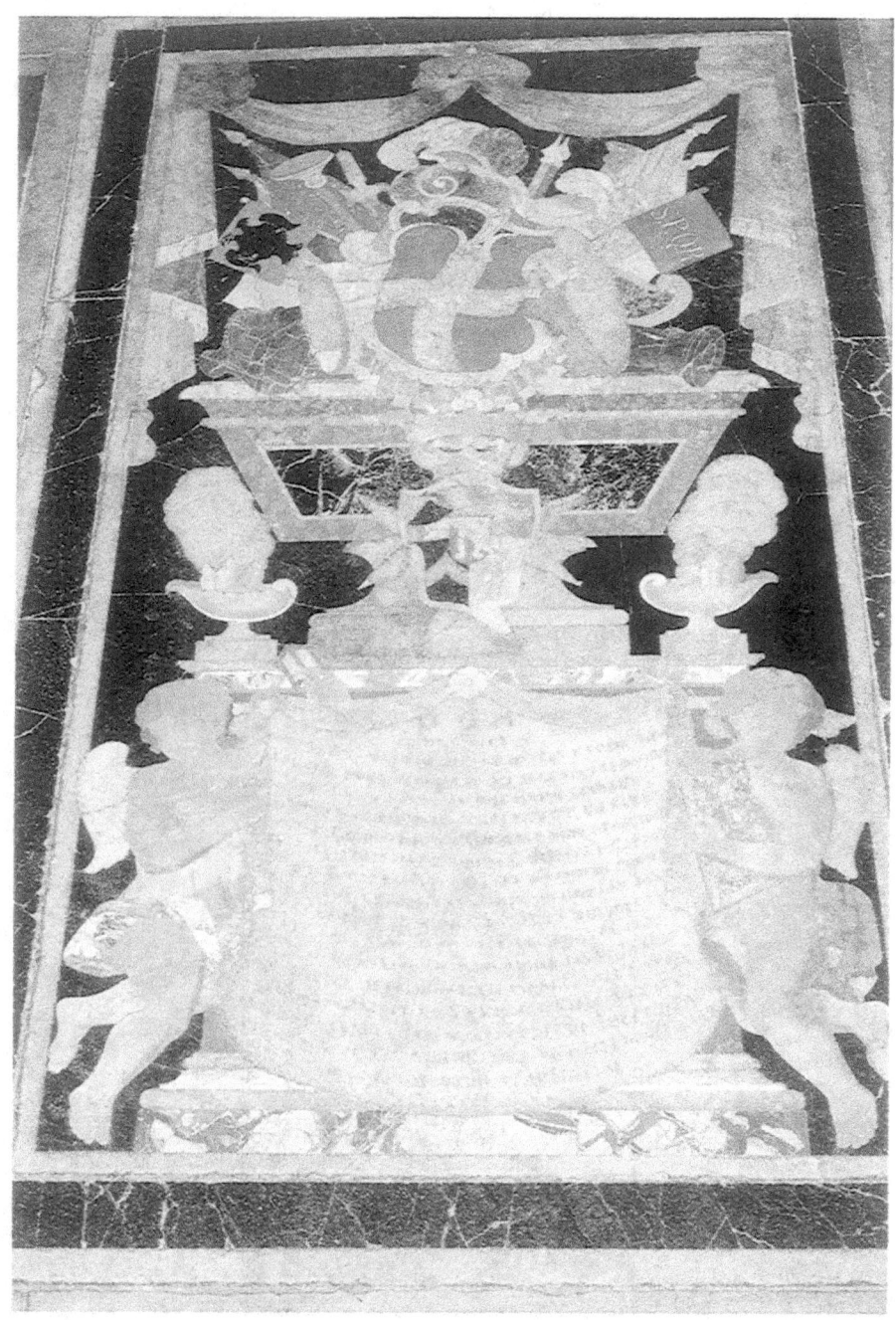

Grab 19: Innocenz Graf von Dietrichstein

D. O. M.

HIC JACET
INNOCENTIUS COMES DE DIETRICHSTEIN E ARINC. SO. RO.
J. A. PONTIF. INNOCENTIO XI ET AB AUGUSTA ELEONORA
DE SACRO PONTE IN BAPTISMO LEVATUS
MILITAVIT CHRISTO MILITAVIT ET CÆSARI
AC SUB UTROQUE PRO CATHOLICA FIDE PUGNAVIT
IN BELLICA REBELLIONE PANNONIÆ AB HÆRET. CAPTUS
DUORUM ANN. SUSTINUIT CARCEREM NON TIMUIT MORTEM
IN LIBERTATE RESTITUS HIEROSOLIM. RELIGIONI CUI
DEDERAT NOMEN DEDIT ET OPERAS PLERISQUE
MORIENS RELIQUIT PROVENTUS LICET PENSIONIBUS
NEQ. COMMENDIS ADHUC PROVISUS FUISSET IN MUNERE
AUDITORIS RATIONUM CESSIT A VITA ANNO
DOMINI MDCCXXVII DIE VII FEBRUARII VIXIT
ITAQ. INNOCENTIUS AD POPULI DESIDERIUM PARUM AD RES
GESTAS MULTUM AD FORTUNÆ VICISSITUDINES PLURI.
AD OPERUM VEROCIARITATEM
ÆTERNUM VIVIT.

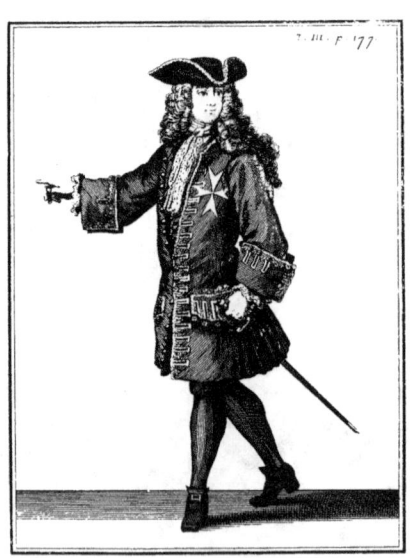

Ritter des Malteserordens im festlichen Gewand um 1700

Fra Caspar Fidelis Freiherr von Schönau zu Wehr (20)

Über die Familiengeschichte wurde bereits bei Fra Franz Anton Freiherr von Schönau und Schwörstadt berichtet.
Der Vater war Johann Franz Anton Freiherr von Schönau zu Wehr, geb. 15. 5. 1664 in Wehr, gest. in Wehr am 3. 4. 1719. Er heiratete am 29. 9. 1692 Clara Anna Helena von Liebenfels zu Worblingen, gest. 15. 2. 1725. Der Vater war Herr zu Stein, Wehr und Enkendorf und Großmeier des Fürstlichen Damenstifts Säckingen.
Ein Bruder von Caspar Fidelis, Joseph Leopold Fidelis von Schönau, get. 1701 in Wehr, war ebenfalls Ritter des Malteserordens.

Der Inschrift der Grabplatte ist zu entnehmen, daß sich Fra Caspar Fidelis Freiherr von Schönau zu Wehr meistens auf Malta aufgehalten hat, denn als Großbailli war er Konventualbailli, also im Ordensrat und zum Aufenthalt auf Malta verpflichtet, wo er auch als Gesandter des Wiener Hofes fungierte. Das Beglaubigungsschreiben zum kaiserlichen Vertreter auf Malta wurde am 28. Dezember 1746 von Kaiser Franz I. Stephan ausgestellt. Im Almanach des Großpriorats Deutschland von 1773 ist er als einer der Ritter mit der längsten Ordenszugehörigkeit aufgeführt.

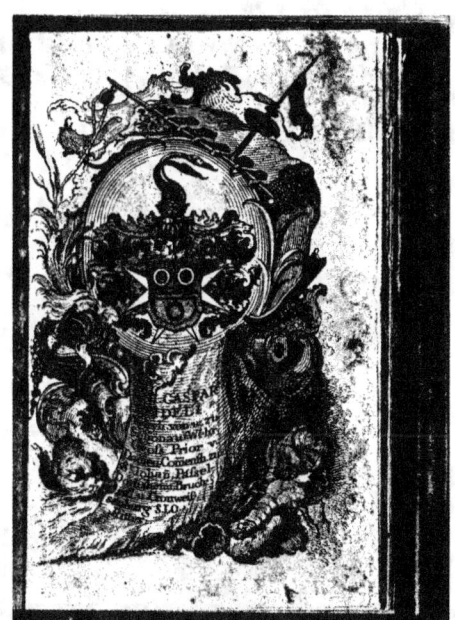

Wappenkartusche des Fra Caspar Fidelis Freiherrn von Schönau zu Wehr im Ordenskalender von 1773

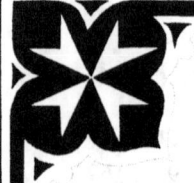
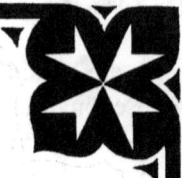

ZUR WAHRUNG
DES EWIGEN GEDÄCHTNISSES AN DEN BERÜHMTEN RITTER
VOM ORDEN UND VOLK SEHR GELIEBTEN FRATER
CASPAR FIDELIS AUS DEM GESCHLECHT DER FREIHERRN
VON SCHÖNAU ZU WEHR,
DER HÖCHSTBERÜHMT AN TITELN
ALS EHRENBAILLI, ALS KOMTUR DES HL. JOHANNES ZU
BASSEL UND DORLISHEIM, KRONWEISSENBURG UND BRUCH-
SAL, FERNER IM AMT DES GROSSBAILLI UND ALS GROSS-
PRIOR VON DACIEN AUSGEZEICHNET WAR, UND DER ALS
SEINER KAISERLICHEN MAJESTÄT WIE AUCH DER ER-
HABENEN APOSTOLISCHEN KÖNIGIN BEIM ORDEN UND
IN ANDEREN AUFGABEN DES KONVENTS 40 JAHRE HIN-
DURCH TÄTIG WAR. SCHLIESSLICH IST ER UNS, DER UNS
MIT LIEBENSWÜRDIGEN VORZÜGEN SEINER ANGENEH-
MEN ART, MENSCHLICHER GESINNUNG UND SITTLICHER BE-
WÄHRUNG SOWIE REICH AN WÜRDEN GESCHENKT WAR,
ZUR HÖCHSTEN TRAUER ALLER ENT-
RISSEN WORDEN AM 11. NOVEMBER – IM ALTER
VON 75 JAHREN – IM JAHR DES HEILS 1774.

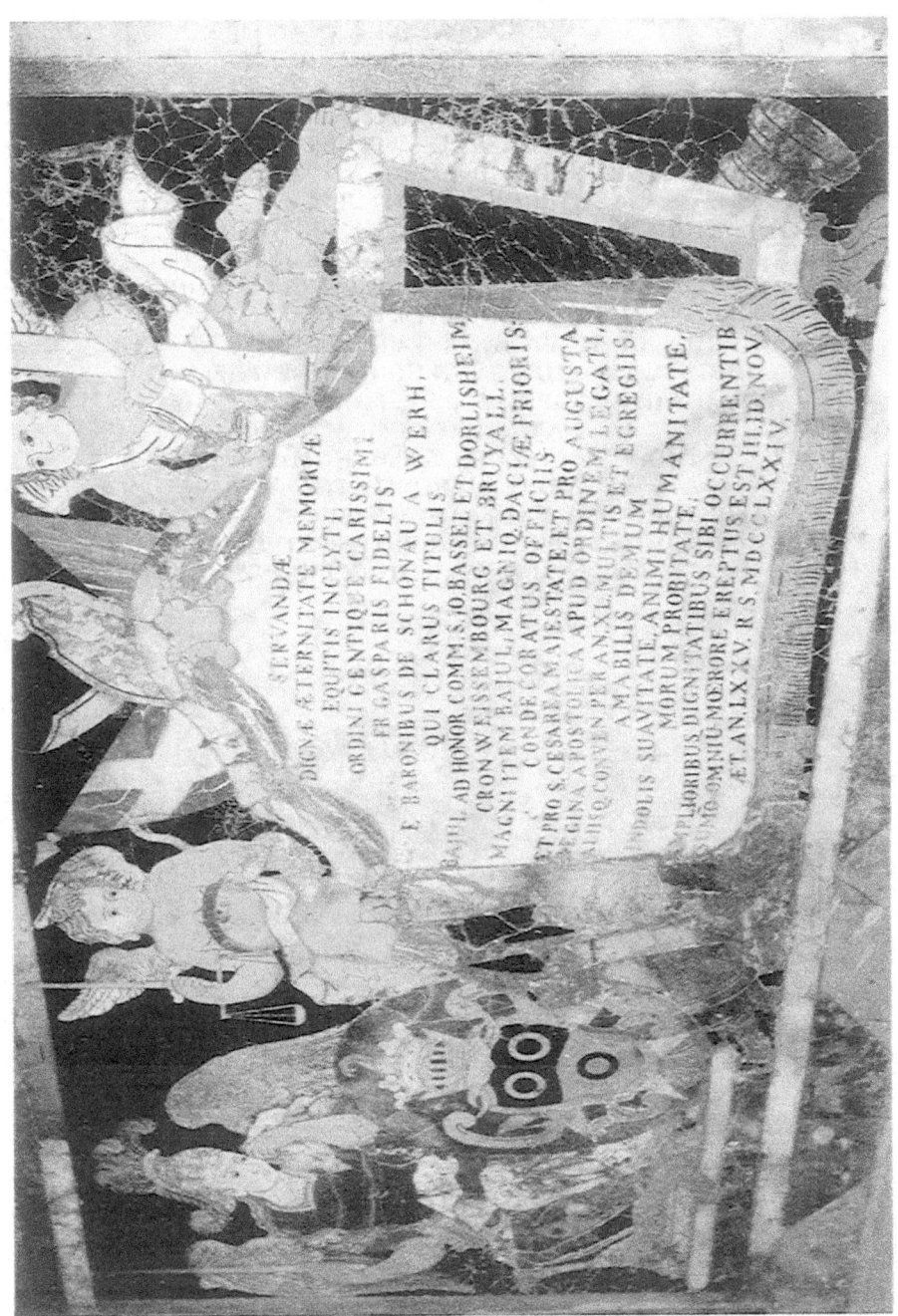

Grab 20: Caspar Fidelis Freiherr von Schönau zu Wehr

SERVANDÆ
DIGNÆ ÆTERNITATE MEMORIÆ
EQUITIS INCLYTI
ORDINI GENTIQUE CARISSIMI
FR. GASPARIS FIDELIS
E BARONIBUS DE SCHONAU A WERH,
QUI CLARUS TITULIS
BAJUL. AD HONOR. COMM. S. JO. BASSEL ET DORLISHEIM,
CRON WEISSEMBOURG ET BRUYALL,
MAGNI ITEM BAJUL. MAGNIQ. DACIÆ PRIORIS:
CONDECORATUS OFFICIIS
ET PRO S. CESAREA MAJESTATE, ET PRO AUGUSTA
REGINA APOSTOLICA APUD ORDINEM LEGATI,
ALIISQ. CONVEN. PER AN. XL. MULTIS ET EGREGIIS:
AMABILIS DEMUM
INDOLIS SUAVITATE, ANIMI HUMANITATE,
MORUM PROBITATE:
AMPLIORIBUS DIGNITATIBUS SIBI OCCURRENTIB.
SUMO OMNIŪ MŒRORE EREPTUS EST III. ID. NOV.
Æt. AN. LXXV.R.S.MDCCLXXIV.

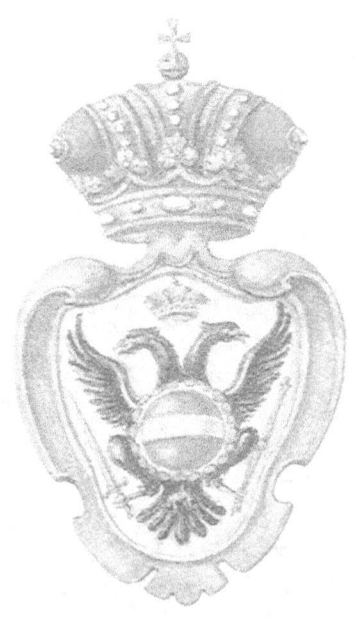

Wappen der Deutschen Zunge

Nachwort

MELITENSIA e.V., unsere vor wenigen Jahren gegründete Fördergemeinschaft für die Belange des Souveränen Malteser-Ritter-Ordens und seines größten Werkes, des Malteser-Hilfsdienstes, freut sich, mit dieser Veröffentlichung nun schon die dritte Publikation zur Geschichte der Deutschen Zunge des Ordens vom heiligen Johannes vorstellen zu können. Ein erstes Heft des maltesischen Autors Michael Galea war der Person und dem Wirken des deutschen Ordensritters Fra Wolffgang Philipp von und zu Guttenberg gewidmet. Ferdinand Freiherr von Hompesch, der letzte Großmeister des Ordens auf Malta – und im übrigen auch der einzige deutsche Inhaber dieses Amtes –, unter dessen Regierungszeit der Ritterorden durch Napoleon von der Insel Malta vertrieben wurde, stand im Zentrum der zweiten Publikation unseres Fördervereins, die gemeinsam von Joseph A. Ebe und Michael Galea verfaßt wurde.

Die Fördergemeinschaft MELITENSIA ist im westfälischen Raum entstanden und beheimatet, dort, wo auch die Wiederaufnahme der zeitweilig unterbrochenen Tradition des Ordens durch die Gründung der ersten Malteser-Genossenschaft im Jahre 1859 eingeleitet wurde. In der jetzt von Ebe vorgelegten Arbeit erkennen wir aus den Familiennamen vieler der dort aufgeführten Ordens-Ritter (Nesselrode-Reichenstein, Beveren, Schaesberg, Korff, gen. Schmising, Galen), daß Mitglieder der verschiedensten westfälischen und rheinischen Adelsfamilien zur damaligen Zeit ebenso Verantwortung für die Verteidigung des katholischen Glaubens und bei der Unterstützung von Bedürftigen übernommen haben, wie es auch heute, in zeitgemäß abgewandelter Form, Mitglieder derselben Familien im Rahmen der verschiedenen Werke des Ordens vom heiligen Johannes tun.

Dr. Peter Freiherr von Fürstenberg
Vorsitzender des Förderkreises Melitensia e.V.

Vortrefflichkeit

Deß

Welt-berühmten

Maltheser-

Oder

Johañiter-Ordens

von Jerusalem/

Und was zu vollkommener Erkäntnuß
und Wissenschafft desselben
vonnöthen:

Durch

Christian von Osterhausen/
dieses Hochlöbl. Ordens, Rittern und
Conservatorem Conventualem, Commenda-
toren zu Steinfurt/ Münster/ Tobel/ Arnheim und Nimmegen beschrieben/
und mit schönen Kupffern
gezieret.

Augspurg/
Bey Kroniger und Göbels Erben/
1702.

Titelblatt des Buches über den Malteserorden von Fra Christian von Osterhausen (Vgl. S. 24ff.)

Anmerkungen und Erläuterungen:

1
ANTIANITAS (mittelalt. Latein)

Anspruch auf Rechte, die aufgrund der Zeit der Zugehörigkeit im Orden, des Ordensalters, entstehen, auch Anciennität (fr.) genannt. Dieses Recht spielte im Orden eine große Rolle, z. B. bei der Vergabe von Ämtern und Kommenden. Selbst die Reihenfolge der Ausfahrt der Galeeren aus dem Hafen richtete sich nach dem Ordensalter der Geleerenkapitäne.

2
Bailli

Mit Bailli wurde in Frankreich seit dem 12. Jahrhundert der Vorsteher einer Stadt oder eines Bezirks bezeichnet. Später hatte das Amt nur noch richterliche Funktionen. Das Wort kommt vom lateinischen Baiulus, Lastträger. Beim Johanniter- bzw. Malteserorden wurde das Oberhaupt einer größeren Kommende oder eines Bezirks (Ballei) innerhalb eines (Groß-)Priorats mit Bailli bezeichnet. Das Oberhaupt der Deutschen Zunge hatte den Titel Großbailli. Die Oberhäupter der Zungen hießen auch Konventualbaillis, weil sie als Mitglieder des Ordensrates und des Generalkapitels zur Residenz im Konvent auf Malta verpflichtet waren.

3
Bailli von Brandenburg

Innerhalb der Deutschen Zunge spielte die Ballei Brandenburg eine besondere Rolle. Sie hatte 1312 durch den Heimbacher Vertrag eine weitgehende Selbständigkeit erhalten, und ihre Mitglieder waren in der Reformation evangelisch geworden, ohne sich jedoch vom Gesamtorden zu trennen. Die Ballei Brandenburg wählte selbständig und unabhängig ihren „Bailli", der Herrenmeister genannt wurde. Wohl weil dieser zum Prioratskapitel in Heitersheim selten erschien und um das Stimmrecht der Ballei im Generalkapitel auf Malta nicht zu verlieren, wählte das Generalkapitel der Deutschen Zunge einen (Titular-)Bailli von Brandenburg, der aber in der Ballei Brandenburg keine Rechte besaß.

4
Ballei

Mit Ballei wurde ein Ordensbezirk innerhalb eines Priorats bezeichnet. Der Bezirk konnte eine größere Kommende oder mehrere Kommenden umfassen. Einige Balleien, wie etwa die von Brandenburg, errangen prioratsähnliche Stellung, während andere sich von den größeren Kommenden nur durch ihre rechtliche Stellung unterschieden. Die Oberhäupter der Balleien, die Baillis, hatten das Recht, am Generalkapitel teilzunehmen. Die Ritter der Ballei Brandenburg wurden in der Reformation evangelisch, ohne sich vom Orden zu trennen (vgl. Bailli).

5
Carniole

Krain, Landschaft in Slowenien, Gebirgsland um Laibach.

6
Congregatio

Für bestimmte Aufgaben wurden zur Unterstützung des Großmeisters bzw. des Ordensrates auf Malta Kongregationen, Vereinigungen, Kommissionen oder Räte gebildet. Die Kommission zur Verwaltung der Galeeren war z. B. eine sehr wichtige Kommission. Diese Kommissionen und auch andere Institutionen, wie z. B. die Zungen, wurden als v.(enerabilis) – verehrungswürdig, ehrwürdig bezeichnet, gelegentlich auch ven.(erabilis) oder venerandus, -a oder gar v.v.-(vero venerabilis) sehr ehrwürdig genannt.

7
Die Co-Kathedrale

St. Johannes in Valletta auf Malta ist die frühere Konventkirche des Johanniter-/Malteserordens. Nach dem Sieg über die Türken (1565) wollte Großmeister Jean de la Valette, daß nicht nur eine neue Stadt, ein neuer Konvent, sondern auch eine neue Konventkirche gebaut wurden. Sie wurde 1573-1577 unter Leitung des maltesischen Architekten Gerolamo Cassar errichtet. Nachdem der Orden 1798 von Napoleon vertrieben wurden war, fiel der gesamte Ordensbesitz, damit auch die Konventkirche, an die französische, später an die britische Verwaltung als Nachfolger der Ordensregierung. Durch ein Dekret Papst Pius VII. wurde die Kirche 1816 zur Schwesterkathedrale (Co-Kathedrale) der Kathedrale von Mdina, dem eigentlichen Bischofssitz in der „Alten Stadt", erklärt.

8
Conservator Conventualis

Auf Malta war der COSERVATOR CONVENTUALIS eine Art Zahlmeister, dessen Amtszeit seit 1631 auf drei Jahre beschränkt war. Er hatte vor allen Dingen den Sold an die Ordensritter auszuzahlen, die keine Einkünfte aus Kommenden o. ä. besaßen. Das Amt bildete sich allmählich zu einer ordenseigenen Bank um.

9
Dacien

Damit wird ein Priorat umschrieben, daß von Dänemark und den anderen nordischen Ländern gebildet wurde. Das Priorat fiel der Reformation zum Opfer. „Prior von Dacien" war danach ein Ehrentitel für verdiente Ritter des Deutschen Großpriorats.

10
D.-(EO) O.-(PTIMO) M.-(AXIMO)

Ursprünglich römische Tempelinschrift: „Dem besten und höchsten Gott", später als christliche Grabinschrift übernommen. Hier als „Gott dem Allgütigen und Erhabenen" gedeutet.

11
Fürstentum Heitersheim

Das Großpriorat Deutschland wurde um die Mitte des 13. Jahrhunderts errichtet. An der Spitze stand später der Großprior. Diese Würde wurde nicht durch eine

Wahl vergeben, sie ging der Anciennität entsprechend, also gemäß dem Ordensalter, an den ältesten Ritter der Deutschen Zunge. Heitersheim in Baden, das 1297 erworben wurde, war seit 1505 Sitz des Großpriors. Mit der Erhebung des Großpriors Georg Schilling von Canstatt in den Reichsfürstenstand durch Kaiser Karl V. wurde Heitersheim Fürstentum, zu dem zuletzt die prioratischen Kommenden Neuenburg, Steinenstadt, Freiburg, Hendlingen, Kenzingen, Heimbach und Musbach als „Kameral-Häuser" gehörten. Sie dienten der Finanzierung der Verwaltung des Fürstentums. Der Großprior von Deutschland besaß innerhalb der Deutschen Zunge eine Vorrangstellung gegenüber den anderen Prioraten. Letzter Großprior und Fürst von Heitersheim war Freiherr Ignaz Rinck von Baldenstein, der seit 1797 residierte. Er starb 1807, nachdem das Fürstentum und das Großpriorat aufgrund der Rheinbundakte vom 12. Juli 1806 von Baden in Besitz genommen worden war. – Die heutige Stadt Heitersheim hält die Erinnerung an die Zeit wach. Sie nennt sich Malteserstadt und führt ein Wappen mit dem Malteserkreuz. Im ehemaligen Malteserschloß unterhält ein Förderverein ein sehenswertes Johanniter-Maltesermuseum.

12
Fra

Fra wird als Abkürzung für das lateinische Wort Frater (Bruder) gebraucht. „Frater miles" (Ritter-Bruder) war die ursprüngliche Bezeichnung für einen Ordensritter. Die Bezeichnung „Frà" ist heute im Malteserorden den Mitgliedern vorbehalten, die die Gelübde des Gehorsams, der Ehelosigkeit und der Armut abgelegt haben.

13
Galeeren

Nach dem Verlassen Palästinas und mit der Einnahme von Rhodos (1306) und der Übersiedlung nach Malta (1530) war der Orden zu einer Seemacht geworden. Als „Schild Europas" hatte er die ursprüngliche Aufgabe, Vorposten gegen die türkischen Eroberungsbestrebungen zu sein und das Vordringen der Türken auf dem Balkan durch militärische Unternehmungen auf See (Karawanen) und Kämpfe an den Küsten und auf den ägeischen Inseln zu schwächen. Als diese Aufgabe in Wegfall kam, richtete sich der Kampf gegen Seeräuber, aber auch gegen Handelsschiffe der „Ungläubigen". Die Seestreitkräfte waren für den Orden deshalb lebenswichtig.

Die Schiffe des Ordens bestanden zunächst aus mit Kanonen bewehrten Galeeren, die von angeketteten Sklaven, Sträflingen und freiwilligen Ruderern bewegt wurden. Eine Galeere wurde von einem Galeerenkapitän geführt, der seemännische Erfahrung haben mußte. Es waren Ritter, die mindestens 25 Jahre alt, 10 Jahre dem Orden angehörten und wenigstens drei, später vier Karawanen mitgemacht hatten. Auf See hatte der Kapitän volle Gerichtsbarkeit über die gesamte Schiffsmannschaft, die zusammen mit den Soldaten, Rittern und Hilfskräften 300-400 Personen ausmachen konnte. Eine Galeere war etwa 45 m lang und etwa 6 m breit. Befehlshaber der Galeerenflotte war der Generalkapitän der auf der größeren Galeere, der Capitana, segelte, die eine Besatzung von etwa 500-600 Personen hatte. Der Generalkapitän war zur See Oberbefehlshaber aller Streitkräfte auf den Galeeren. Als 1701 zusätzlich eine Segelschiffsflotte als eine eigene Kampfeinheit geschaffen worden war, wurde diese von einem Generalleutnant selbständig geführt. Im gemeinsamen Kampf unterstand sie aber auch der Befehlsgewalt des Generalkapitäns. Fr. Philipp Wilhelm Graf von Nesselrode hat z. B., wie auf seiner Grabplatte berichtet wird, die Ämter eines Galeerenkapitäns, eines Segelschiffkapitäns und dann eines Generalkapitäns besessen. Er war dann folgerichtig Vorsitzender der Kommission für die Schiffe. Der Generalkapitän hatte nach zweijähriger Dienstzeit das Privileg, eine beliebige Kommende oder eine Pension zu begehren. Er besaß Sitz und Stimme im Ordensrat. Verwaltet wurden Angelegenheiten der Galeeren von der „Congregatio delle Galeere" auf den Grabplatten „Congregatio triremium" genannt.

14
Genossenschaften

(Assoziationen). Die Mitglieder des Malteserordens bilden heute drei Gruppen. Zur ersten Gruppe gehören die Ritter und Kapläne, die die Gelübde des Gehorsams, der Ehelosigkeit und der Armut ablegen. Sie werden deshalb Professen genannt. Aus ihren Reihen wird der Großmeister gewählt. Die Mitglieder der zweiten Gruppe binden sich durch ein besonderes Gehorsamsversprechen als Obödienzritter an die Aufgaben des Ordens. Zur dritten Gruppe gehören die Ordensmitglieder, die weder Gelübde noch Versprechen ablegen, die sich aber zu christlichem Lebenswandel und zur Unterstützung der caritativen Werke der Kirche und des Ordens verpflichten. Diese Gruppe, die heute die Mehrzahl der etwa 10 000 Ordensmitglieder in aller Welt ausmacht und sich in nationale Assoziationen (Genossenschaften) gliedert, hat auch weibliche Mitglieder.

15
Großkreuze

Die Oberhäupter der Zungen waren Konventualbaillis; d. h., sie waren zum Aufenthalt im Konvent aus Malta verpflichtet, da sie zum Ordensrat gehörten. Es gab auch Ehrenbaillis. Sämtliche Baillis trugen neben dem offiziellen Kreuz noch ein zweites, größeres. Sie hießen deshalb auch Großkreuze oder Großkreuz-Ritter.

16
Hospitaliter-Orden

Der Ritterorden vom hl. Johannes hatte im Laufe der Geschichte verschiedene Kurzbezeichnungen: Hospitaliter-, Rhodisier-, Johanniter- und Malteserorden. Noch kurz vor der Auflösung wurde vom deutschen Großpriorat ein Kalender des Souveränen Johanniterordens auf das Jahr MDCCVI herausgegeben. Nach der Säkularisation (1806) setzte sich allmählich für den katholischen Stamm auch im deutschen Sprachraum der Name Malteserorden durch. Die evangelischen Zweige werden Johanniterorden genannt.

17
Karawane

Die ursprüngliche Tätigkeit der Ritter des Ordens vom hl. Johannes war die Krankenpflege. Als es notwendig wurde, zum Schutz der Pilger und zur Verteidigung des Hl. Landes das Schwert zu führen, konnten sich Ritter und dienende Brüder von der Krankenpflege dispensieren lassen. Sie nahmen an „Karawanen" teil, wie die gemeinsamen Kriegszüge von Rittern 1239 erstmalig bezeichnet wurden. Als der Orden mit der Übersiedlung nach Rhodos und später nach Malta zur Seemacht im Mittelmeer wurde, wurde die Bezeichnung Karawane auch auf den Dienst zur See übertragen. Ja, Karawanen wurden für jeden angehenden Ritter zur Pflicht. Für die Verleihung einer Kommende, also für die Versorgung eines Ritters, war die Teilnahme an drei, später an vier Karawanen Voraussetzung. Eine Karawane dauerte stets ein halbes Jahr und begann am 1. Januar oder am 1. Juli. Harte Strafen waren für das Verlassen einer Karawane ohne Erlaubnis angedroht. Nur die Ritter der Deutschen Zunge waren von der Karawanenpflicht befreit, wenn sie einen gleichwertigen Dienst beim Kaiserlichen Heer im Kampf gegen die Türken nachweisen konnten. Wenn von der „militärischen Ausbildung auf den Galeeren" die Rede ist, ist eine „Karawane" gemeint.

18
Kommende

Die Kommende (COMMENDA oder CENSUS) war die kleinste selbständige Verwaltungseinheit innerhalb eines Großpriorates bzw. einer Ballei. Von ihr aus wurden caritative Aufgaben und Seelsorge wahrgenommen. In erster Linie diente eine Kommende jedoch der Finanzierung der Ordensaufgaben auf Malta durch jährlich abzuführende Abgaben (Responsionen). Außerdem sollte sie den Bewohnern der Kommende den Unterhalt und dem Inhaber der Kommende die Versorgung sichern. Der Inhaber der Kommende, meist ein verdienter Ritter, der Komtur oder Kommendator genannt wurde, hatte die Kommende, zu der nicht selten Landwirtschaft, Säge- und Mühlbetriebe, aber auch Kirchen gehörten, nach wirtschaftlichen Gesichtspunkten zu verwalten. Er war grundsätzlich zur Residenz auf seiner Kommende verpflichtet, was später aber nicht mehr beachtet wurde, besonders dann, wenn Komture mehrere Kommenden besaßen oder noch andere Aufgaben im Orden hatten. Der Kommendebesitz war in den meisten Fällen durch Stiftungen zustande gekommen.

19
Komtur

Der Inhaber einer Komtur wird auf den Grabplatten Commendator, Commendatorius, Commendatarius und einmal mit der älteren Bezeichnung Praeceptor genannt. Zu den Aufgaben eines Komturs siehe unter „Kommende".

20
Konvent

Mit Konvent wurde ursprünglich das gemeinschaftliche Leben der Ordensritter bzw. das Haus, in dem das gemeinschaftliche Leben stattfand, bezeichnet. Als sich dieses Leben auf Rhodos in die Häuser der Zungen, die Herbergen genannt wurden, verlagerte und aufgliederte, wurde ein ganzer Stadtteil, in dem sich die Herbergen befanden, zum Konvent erklärt. Auf Malta bildete die ganze Stadt Valletta den Ordenskonvent. Es bestand für alle Ritter die grundsätzliche Pflicht, sich im Konvent aufzuhalten. Zur Erlangung bestimmter Ämter war der Aufenthalt im Konvent über eine genau festgelegte Zahl von Jahren Voraussetzung. Das Verlassen des Konvents ohne Erlaubnis wurde hart bestraft. Dort wo der Konvent begründet worden war, war auch der Sitz der Ordensregierung.

21
Pannonia

Alte römische Provinzbezeichnungen für das Gebiet an der mittleren Donau zwischen Ostalpenrand, Save und Donau.

22
Priorat

Der Orden war innerhalb der Zunge in Priorate gegliedert, die jährlich Prioratskapitel abhielten, an denen die Komture und Baillis teilnehmen mußten.
An der Spitze eines Priorates stand ein Prior, der, um ihn von den geistlichen Prioren zu unterscheiden, Großprior genannt wurde. Folglich wurde das Gebiet, für das sie zuständig waren, auch Großpriorat genannt. Nur der ranghöchste Geistliche an der Konventskirche in Valletta auf Malta führte auch den Titel Großprior. Die Deutsche Zunge war gegliedert in die (Groß-)Priorate Böhmen-Österreich, Ungarn, Dacien, Polen und Deutschland mit der Ballei Brandenburg. Die Priorate Ungarn und Dacien (Dänemark, Schweden, Norwegen) bestanden nach der Eroberung Ungarns durch die Türken bzw. nach der Reformation nicht mehr. Titel und Amt dieser Priorate wurden danach von anderen Rittern wahrgenommen. Das Priorat Polen, das zunächst nur aus der Kommende Posen bestand, hatte eine wechselvolle Geschichte. Nach der dritten Teilung Polens kam es zu Rußland und wurde dann in das neugegründete russische Priorat eingegliedert und gehörte damit zur Englisch-Bayerischen-Russischen Zunge. Der Großprior des Großpriorates Deutschland war seit 1548 Reichsfürst mit Sitz in Heitersheim. Das Großpriorat Böhmen-Österreich des Malteserordens besteht ununterbrochen bis heute. Es besteht zur Zeit aus den zwei Groß-Prioraten Böhmen und Österreich.

23
Religion

Ein religiöser Orden wird im Lateinischen als „ordo" oder „religio" bezeichnet. Deshalb heißen Ordensmitglieder Religiose. Beim Johanniter- bzw. Malteserorden wurde die Bezichnung „Religion" seit 1239 für die ganze Gemeinschaft gebraucht, der auch diejenigen angehörten, die keine Ordensgelübde ablegten. In der Lehnsurkunde Kaiser Karls V. vom 29. Mai 1530 heißt es „de retablir le couvent, l'Ordre et la Religion de l'Hospital de Saint-Jean de Jerusalem", d. h. um den Konvent, den Orden und die Religion des Hospitals des Heiligen Johannes von Jerusalem wiederherzustellen". Es wird also unterschieden zwischen den im Orden von Jerusalem vereinten Eigenschaften der dem Papst unterstellten religiösen Gemeinschaft (religio) und dem ritterlichen Orden (ordo), der durch seine Aufgabe sowie durch seine militärische und politische Bedeutung als Landesherr Mitglied der Völkergemeinschaft des Abendlandes war. Auch in anderen Urkunden wird „religio" neben „ordo" verwendet.

(Nach Hafkemeier in den „Annales de l'Ordre Souverain Militaire de Malte", Rom, 1960, Nr. 2, Seite 10.)

24
Rezeptor

Receptor, gelegentlich auch Perceptor wurde der Inhaber des Amtes genannt, das für die Einziehung der Abgaben der Kommenden (Responsionen) zugunsten der Aufgaben des Ordenskonvents auf Malta zuständig war. Rezeptor konnte seit 1631 nur ein Ritter sein, der selbst zumindest für drei Jahre eine Kommende verwaltet hatte. Er besaß in seinem zuständigen Bezirk besondere Vollmachten des Schatzamtes.

25
Säkularisation

Mit Säkularisation (Verweltlichung) wird allgemein die Einziehung von Kirchengut für weltliche u. a. auch staatliche Zwecke bezeichnet. In Deutschland wird namentlich darunter die Aufhebung geistlicher Territorien und die Einziehung von Kirchengut nach dem „Reichsdeputationshauptschluß" von 1803 verstanden, durch den die Fürsten für ihre an Frankreich verlorenen linksrheinischen Gebiete entschädigt werden sollten. Der Johanniter-/Malteserorden sollte zunächst davon nicht betroffen werden. 1808 fiel das Fürstentum (Großpriorat) Heitersheim auch offiziell an Baden, das es bereits 1806 in Besitz genommen hatte. 1811 vereinnahmte Preußen die Ballei Brandenburg. Nur das Großpriorat Böhmen-Österreich bestand weiter.

26
Souveränität

Der Malteser-Orden hat im Laufe der Geschichte eine ihm eigene Souveränität entwickelt, die – obwohl er kein Staatsgebiet mehr besitzt – völkerrechtlich anerkannt ist. Er nennt sich deshalb Souveräner Malteserritter-Orden (SMRO). Nur in religiösen Dingen untersteht er als katholischer Orden dem Papst.

27
Zunge

Der Orden gliederte sich im Laufe der Geschichte nach Nationen, in denen Kommenden bestanden, oder nach Sprachgebieten, aus denen die Ritter kamen. Die Gliederungen wurden deshalb „Sprachen" oder „Zungen" genannt. Im Kapitel von 1329 wurden zunächst sieben Zungen genannt, zu denen 1461 die achte Zunge von Kastilien kam, die die Königreiche von Kastilien, Leon und Portugal umfaßte. Die acht Zungen waren in der ursprünglichen Reihenfolge: Provence, Auvergne, France, Italien, Aragon, England, Deutschland und Kastilien. Im heutigen Frankreich bestanden also drei und auf der Iberischen Halbinsel zwei Zungen. Die Zunge von England bestand nach der Reformation praktisch nicht mehr. Sitz und Stimme wurden aber im Ordensrat und Generalkapitel von einem anderen Ritter weiter wahrgenommen. Nachdem das Priorat Bayern errichtet worden war, wurde die Zunge als Englisch-Bayerische Zunge, nach Gründung eines russischen Priorates als Englisch-Bayerisch-Russische Zunge bezeichnet.

Benutzte Literatur

Annales de l'Ordre Souverain Militaire de Malte, Chancellerie du Grand Magistere, 68, Via Condotti, Rom, ab 1937.

Dauber, Robert L., **Der Orden als Seemacht** in der Schriftenreihe „Malteser-Museum Mailberg", Band 5, Mailberg, o. J.

Ferris, Achille, **Memories dell' inclito Ordine Gerosolimitano,** Malta, 1881.

Galea, Michael, **Fra Wolffgang Philipp von und zu Guttenberg,** Paderborn, 1982.

McGregor Eadie, Peter, **Malta,** Kohlhammer Kunst- und Reiseführer, Stuttgart, 1982.

Heimert, Franck, **Malta kennenlernen und lieben,** Lübeck, 1976.

Sammut, Eduard, **The Church of St. John,** Malta, 1967.

Scicluna, Hannibal, **The Church of St. John in Valletta,** Rom, 1955.

Ubaldini, Mori, U., **La Marina del Sovrano Militare Ordine di San Giovanni di Gerusaleme, di Rodi e di Malta,** Rom, 1970.

Waldstein-Wartenberg, Berthold von, **Rechtsgeschichte des Malteser-Ordens,** Wien, 1969.

Wienand, Adam, **Der Johanniter-Orden/Der Malteser-Orden,** Köln, 1970.

www.ingramcontent.com/pod-product-compliance
Lightning Source LLC
Chambersburg PA
CBHW050110230526
45470CB00004B/1771